educamos·sm

Caro aluno, seja bem-vindo à sua plataforma do conhecimento!

A partir de agora, você tem à sua disposição uma plataforma que reúne, em um só lugar, recursos educacionais digitais que complementam os livros impressos e são desenvolvidos especialmente para auxiliar você em seus estudos. Veja como é fácil e rápido acessar os recursos deste projeto.

1 Faça a ativação dos códigos dos seus livros.

Se você NÃO tiver cadastro na plataforma:

- Para acessar os recursos digitais, você precisa estar cadastrado na plataforma educamos.sm. Em seu computador, acesse o endereço <br.educamos.sm>.
- No canto superior direito, clique em "**Primeiro acesso? Clique aqui**". Para iniciar o cadastro, insira o código indicado abaixo.
- Depois de incluir todos os códigos, clique em "**Registrar-se**" e, em seguida, preencha o formulário para concluir esta etapa.

Se você JÁ fez cadastro na plataforma:

- Em seu computador, acesse a plataforma e faça o *login* no canto superior direito.
- Em seguida, você visualizará os livros que já estão ativados em seu perfil. Clique no botão "**Adicionar livro**" e insira o código abaixo.

Este é o seu código de ativação! → **DBQ9Y-4JMBR-A4MDP**

LIVRO AJ MATEMATICA 2 (LA) ED 2018

2 Acesse os recursos.

Usando um computador

Acesse o endereço <br.educamos.sm> e faça o *login* no canto superior direito. Nessa página, você visualizará todos os seus livros cadastrados. Para acessar o livro desejado, basta clicar na sua capa.

Usando um dispositivo móvel

Instale o aplicativo **educamos.sm**, que está disponível gratuitamente na loja de aplicativos do dispositivo. Utilize o mesmo *login* e a mesma senha da plataforma para acessar o aplicativo.

Importante! Não se esqueça de sempre cadastrar seus livros da SM em seu perfil. Assim, você garante a visualização dos seus conteúdos, seja no computador, seja no dispositivo móvel. Em caso de dúvida, entre em contato com nosso canal de atendimento pelo **telefone 0800 72 54876** ou pelo *e-mail* atendimento@grupo-sm.com.

01195

Aprender juntos

2
2º ano

MATEMÁTICA
ENSINO FUNDAMENTAL

ANGELA LEITE
- Licenciada em Matemática pelo Instituto de Matemática e Estatística (IME) da Universidade de São Paulo (USP).
- Mestra em Educação Matemática pelo Instituto de Geociências e Ciências Exatas da Universidade Estadual Paulista "Júlio de Mesquita Filho" (Unesp).
- Professora do Ensino Superior.

ROBERTA TABOADA
- Licenciada em Matemática pelo IME-USP.
- Mestra em Educação Matemática pelo Instituto de Geociências e Ciências Exatas da Unesp.
- Coordenadora da área e professora do Ensino Fundamental.

ORGANIZADORA: EDIÇÕES SM
Obra coletiva concebida, desenvolvida e produzida por Edições SM.

São Paulo, 6ª edição, 2017

sm

Aprender Juntos **Matemática 2**
© Edições SM Ltda.
Todos os direitos reservados

Direção editorial	M. Esther Nejm
Gerência editorial	Cláudia Carvalho Neves
Gerência de *design* e produção	André Monteiro
Edição executiva	Andrezza Guarsoni Rocha
	Edição: Adriana Soares Netto, Alice Kobayashi, Andrezza Guarsoni Rocha, Carla Naíra Milhossi, Cármen Matricardi, Cristiane Boneto, Diana Maia, Erika Di Lucia Bártolo, Isabella Semaan, Luciana Moura, Marcelo Augusto Barbosa Medeiros, Patricia Nakata, Stella Camargo **Colaboração técnico-pedagógica:** Mariane Brandão, Millyane M. Moura Moreira
Suporte editorial	Alzira Bertholim, Fernanda Fortunato, Giselle Marangon, Talita Vieira, Silvana Siqueira
Coordenação de preparação e revisão	Cláudia Rodrigues do Espírito Santo
	Preparação e revisão: Angélica Lau P. Soares, Cecília Farias, Eliana Vila Nova de Souza, Eliane Santoro, Fátima Valentina Cezare Pasculli, Izilda de Oliveira Pereira **Apoio de equipe:** Beatriz Nascimento, Camila Durães Torres
Coordenação de *design*	Gilciane Munhoz
	***Design*:** Tiago Stéfano
Coordenação de arte	Ulisses Pires, Juliano de Arruda Fernandes, Melissa Steiner Rocha Antunes
	Edição de arte: Elizabeth Kamazuka Santos, Vitor Trevelin, Camila Ferreira Leite
Coordenação de iconografia	Josiane Laurentino
	Pesquisa iconográfica: Beatriz Micsik **Tratamento de imagem:** Marcelo Casaro
Capa	João Brito, Gilciane Munhoz
	Ilustração da capa: A mascoteria
Projeto gráfico	Estúdio Insólito
Editoração eletrônica	Setup Bureau, Essencial Design
Ilustrações	AMj Studio, Cláudio Chiyo, Danillo Souza, Enagio Coelho, Estúdio Brambilla, Evandro Luiz, Fabio Eugenio, Giz de Cera/Léo Fanelli, Ideário Lab, Ilustra Cartoon, João Picoli, Jótah Produções, Leninha Lacerda, Kanton, Marco A. Cortez, Nilson Cardoso, Setup Bureau, Vanessa Alexandre
Fabricação	Alexander Maeda
Impressão	EGB Editora Gráfica Bernardi Ltda.

Dados Internacionais de Catalogação na Publicação (CIP)
(Câmara Brasileira do Livro, SP, Brasil)

Taboada, Roberta
   Aprender juntos matemática, 2º ano : ensino fundamental / Roberta Taboada, Angela Leite ; organizadora Edições SM ; obra coletiva concebida, desenvolvida e produzida por Edições SM ; editora responsável Andrezza Guarsoni Rocha. — 6. ed. — São Paulo : Edições SM, 2017. — (Aprender juntos)

Suplementado pelo manual do professor.
Bibliografia.
ISBN 978-85-418-1891-9 (aluno)
ISBN 978-85-418-1892-6 (professor)

   1. Matemática (Ensino fundamental) I. Leite, Angela. II. Rocha, Andrezza Guarsoni. III. Título. IV. Série.

17-09299   CDD-372.7

Índices para catálogo sistemático:
1. Matemática : Ensino fundamental 372.7

6ª edição, 2017
2ª impressão, 2019

Edições SM Ltda.
Rua Tenente Lycurgo Lopes da Cruz, 55
Água Branca 05036-120 São Paulo SP Brasil
Tel. 11 2111-7400
edicoessm@grupo-sm.com
www.edicoessm.com.br

APRESENTAÇÃO

CARO ALUNO,

ESTE LIVRO FOI CUIDADOSAMENTE PENSADO PARA AJUDÁ-LO A CONSTRUIR UMA APRENDIZAGEM SÓLIDA E CHEIA DE SIGNIFICADOS QUE LHE SEJAM ÚTEIS NÃO SOMENTE HOJE, MAS TAMBÉM NO FUTURO. NELE, VOCÊ VAI ENCONTRAR ESTÍMULOS PARA CRIAR, EXPRESSAR IDEIAS E PENSAMENTOS, REFLETIR SOBRE O QUE APRENDE, TROCAR EXPERIÊNCIAS E CONHECIMENTOS.

OS TEMAS, OS TEXTOS, AS IMAGENS E AS ATIVIDADES PROPOSTOS NESTE LIVRO OFERECEM OPORTUNIDADES PARA QUE VOCÊ SE DESENVOLVA COMO ESTUDANTE E COMO CIDADÃO, CULTIVANDO VALORES UNIVERSAIS COMO RESPONSABILIDADE, RESPEITO, SOLIDARIEDADE, LIBERDADE E JUSTIÇA.

ACREDITAMOS QUE É POR MEIO DE ATITUDES POSITIVAS E CONSTRUTIVAS QUE SE CONQUISTAM AUTONOMIA E CAPACIDADE PARA TOMAR DECISÕES ACERTADAS, RESOLVER PROBLEMAS E SUPERAR CONFLITOS.

ESPERAMOS QUE ESTE MATERIAL DIDÁTICO CONTRIBUA PARA SEU DESENVOLVIMENTO E PARA SUA FORMAÇÃO.

BONS ESTUDOS!

EQUIPE EDITORIAL

CONHEÇA SEU LIVRO

CONHECER SEU LIVRO DIDÁTICO VAI AJUDAR VOCÊ A APROVEITAR MELHOR AS OPORTUNIDADES DE APRENDIZAGEM QUE ELE OFERECE.

ESTE VOLUME CONTÉM OITO CAPÍTULOS. VEJA COMO CADA CAPÍTULO ESTÁ ORGANIZADO.

ABERTURA DE CAPÍTULO

NESSE MOMENTO, VOCÊ VAI FAZER OS PRIMEIROS CONTATOS COM ALGUNS TEMAS QUE SERÃO ESTUDADOS NO CAPÍTULO, EXPLORANDO A GRANDE ILUSTRAÇÃO DE ABERTURA.

DESENVOLVIMENTO DO ASSUNTO

OS TEXTOS, AS IMAGENS E AS ATIVIDADES DESSAS PÁGINAS VÃO PERMITIR QUE VOCÊ COMPREENDA O CONTEÚDO QUE ESTÁ SENDO APRESENTADO.

SUGESTÃO DE *SITE*

VOCÊ VAI ENCONTRAR SUGESTÕES DE *SITES* RELACIONADOS AOS TEMAS ESTUDADOS.

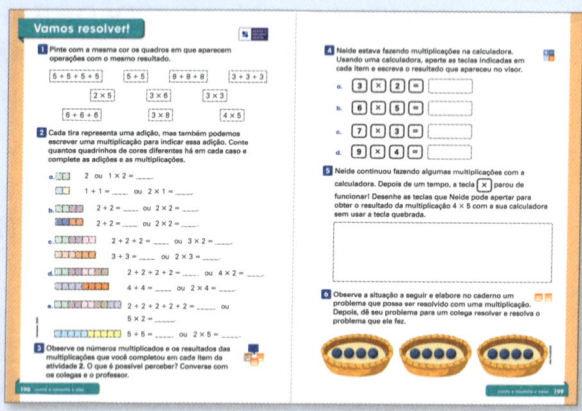

A SEÇÃO **VAMOS RESOLVER!** APARECE AO LONGO DOS CAPÍTULOS, E APRESENTA ATIVIDADES DE RETOMADA E APLICAÇÃO DE ALGUNS CONTEÚDOS ESTUDADOS ATÉ O MOMENTO.

FINALIZANDO O CAPÍTULO

AO FINAL DE CADA CAPÍTULO, HÁ SEÇÕES QUE BUSCAM AMPLIAR SEUS CONHECIMENTOS.

AS ATIVIDADES DA SEÇÃO **TRATAMENTO DA INFORMAÇÃO** DESENVOLVEM A LEITURA, A INTERPRETAÇÃO E O REGISTRO DE DADOS EM TABELAS E GRÁFICOS, ALÉM DE TRABALHAR COM A ESTATÍSTICA E A PROBABILIDADE.

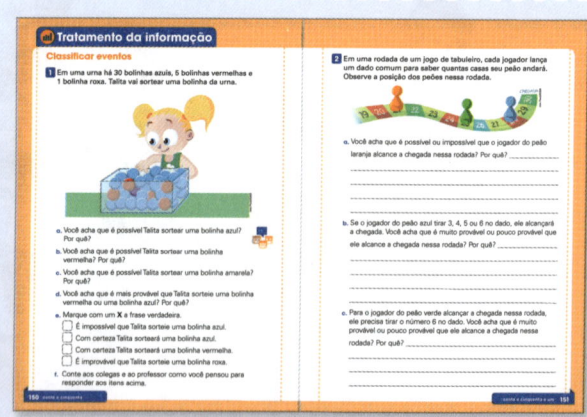

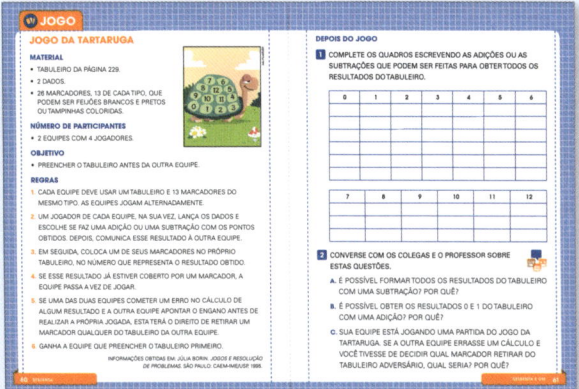

NA SEÇÃO **JOGO**, VOCÊ E OS COLEGAS VÃO APRENDER E SE DIVERTIR COM JOGOS E BRINCADEIRAS.

A SEÇÃO **VAMOS LER IMAGENS!** PROPÕE A ANÁLISE DE UMA OU MAIS IMAGENS E É ACOMPANHADA DE ATIVIDADES QUE VÃO AJUDAR VOCÊ A DESENVOLVER ESSA HABILIDADE.

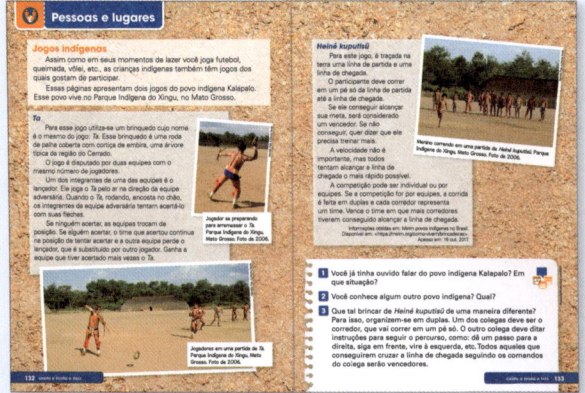

NA SEÇÃO **PESSOAS E LUGARES** VOCÊ VAI CONHECER ALGUMAS CARACTERÍSTICAS CULTURAIS DE DIFERENTES COMUNIDADES.

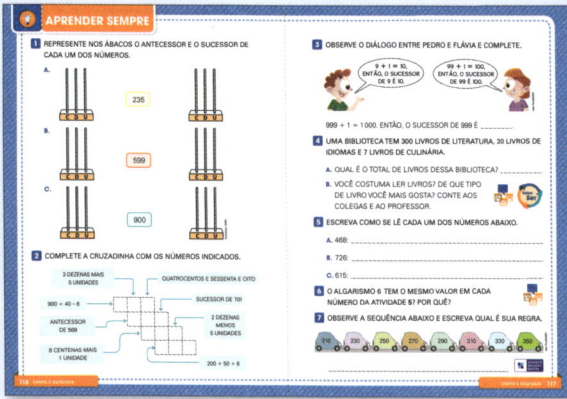

AS ATIVIDADES DA SEÇÃO **APRENDER SEMPRE** SÃO UMA OPORTUNIDADE PARA VOCÊ VERIFICAR E ANALISAR O QUE APRENDEU E REFLETIR SOBRE OS ASSUNTOS ESTUDADOS.

MATERIAL COMPLEMENTAR

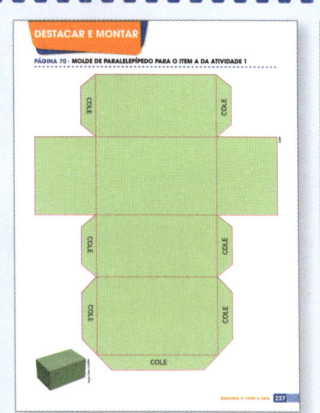 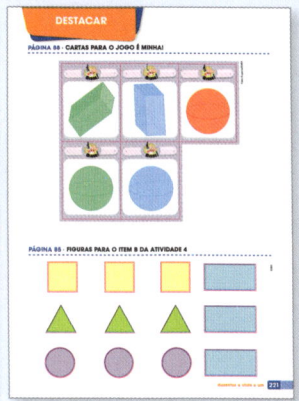 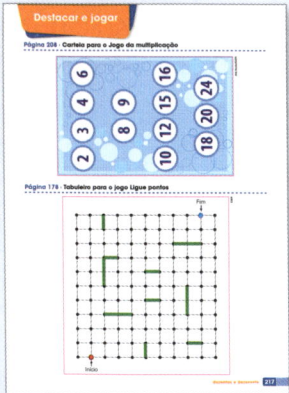

NO FINAL DO LIVRO, VOCÊ VAI ENCONTRAR MATERIAL COMPLEMENTAR PARA USAR EM ALGUMAS ATIVIDADES.

ÍCONES USADOS NO LIVRO

 CÁLCULO MENTAL

 ATIVIDADE EM DUPLA

 CALCULADORA

 RECURSO DIGITAL

 SABER SER — SINALIZA MOMENTOS PROPÍCIOS PARA PROFESSOR E ALUNOS REFLETIREM SOBRE QUESTÕES RELACIONADAS A VALORES.

 ATIVIDADE ORAL

 IMAGENS SEM PROPORÇÃO DE TAMANHO ENTRE SI.

CINCO

SUMÁRIO

CAPÍTULO 1 — NÚMEROS › 8

NÚMEROS NO DIA A DIA › 9
NÚMEROS DE 0 A 9 › 10
ORDEM CRESCENTE E ORDEM DECRESCENTE › 12
O QUE VEM ANTES? O QUE VEM DEPOIS? › 14
NÚMEROS ORDINAIS › 16
A DEZENA › 18
NÚMEROS DE 11 A 19 › 20
AGRUPANDO PARA CONTAR › 22
DÚZIA E MEIA DÚZIA › 24
DEZENAS INTEIRAS › 26
ADIÇÃO E SUBTRAÇÃO COM DEZENAS INTEIRAS › 28
NÚMEROS ATÉ 99 › 30
VAMOS RESOLVER! › 34
DECOMPOSIÇÃO DE UM NÚMERO › 36
REPRESENTANDO NO ÁBACO › 37
COMPARANDO NÚMEROS › 38
TRATAMENTO DA INFORMAÇÃO
ORGANIZAR E INTERPRETAR DADOS EM UMA TABELA › 40
APRENDER SEMPRE › 42

CAPÍTULO 2 — ADIÇÃO E SUBTRAÇÃO › 44

ADIÇÃO › 45
SUBTRAÇÃO › 48
MANEIRAS DE ADICIONAR E SUBTRAIR › 52
ADIÇÃO DE TRÊS NÚMEROS › 56
TRATAMENTO DA INFORMAÇÃO
INTERPRETAR GRÁFICOS DE BARRAS › 58
JOGO
JOGO DA TARTARUGA › 60
APRENDER SEMPRE › 62

CAPÍTULO 3 — GEOMETRIA › 64

DIFERENTES FORMAS › 65
ARREDONDADO OU NÃO ARREDONDADO? › 66
FIGURAS PLANAS OU NÃO PLANAS? › 68
ALGUMAS FIGURAS NÃO PLANAS › 70
PARALELEPÍPEDO E CUBO › 70
PIRÂMIDE › 72
CONE, CILINDRO E ESFERA › 73
VAMOS RESOLVER! › 74
ALGUMAS FIGURAS PLANAS › 76
RETÂNGULO E QUADRADO › 76
TRIÂNGULO › 78
CÍRCULO › 79
FIGURAS NA MALHA PONTILHADA › 80
VAMOS RESOLVER! › 82
PADRÕES › 84
TRATAMENTO DA INFORMAÇÃO
TRANSPOR DADOS DE TABELA PARA GRÁFICO › 86
JOGO
É MINHA! › 88
VAMOS LER IMAGENS!
PINTURAS › 90
APRENDER SEMPRE › 92

CAPÍTULO 4 — MAIS NÚMEROS › 94

A CENTENA › 95
NÚMEROS ATÉ 199 › 98
COMPARANDO NÚMEROS › 100
CENTENAS INTEIRAS › 102
ADIÇÃO E SUBTRAÇÃO COM CENTENAS INTEIRAS › 104
VAMOS RESOLVER! › 106
NÚMEROS ATÉ 999 › 108
TRATAMENTO DA INFORMAÇÃO
TRANSPOR DADOS DE GRÁFICO PARA TABELA › 114
APRENDER SEMPRE › 116

CAPÍTULO 5 — LOCALIZAÇÃO E MOVIMENTAÇÃO › 118

LOCALIZAÇÃO › 119
MOVIMENTAÇÃO › 124
MOVIMENTAÇÃO NA MALHA › 128

TRATAMENTO DA INFORMAÇÃO
LER E INTERPRETAR DADOS EM TABELA DE DUPLA ENTRADA › 130

PESSOAS E LUGARES
JOGOS INDÍGENAS › 132

APRENDER SEMPRE › 134

CAPÍTULO 6 — MAIS ADIÇÃO E SUBTRAÇÃO › 136

ADIÇÕES E SUBTRAÇÕES COM O ÁBACO › 137
ALGORITMOS PARA A ADIÇÃO › 140
ALGORITMOS PARA A SUBTRAÇÃO › 142
MAIS ADIÇÃO E SUBTRAÇÃO › 144
ADIÇÕES E SUBTRAÇÕES COM A CALCULADORA › 148

TRATAMENTO DA INFORMAÇÃO
CLASSIFICAR EVENTOS › 150

APRENDER SEMPRE › 152

CAPÍTULO 7 — GRANDEZAS E MEDIDAS › 154

COMPARANDO COMPRIMENTOS › 155
MEDINDO COMPRIMENTOS › 157
O METRO › 158
O CENTÍMETRO E O MILÍMETRO › 160
MEDINDO MASSAS › 162
MEDINDO CAPACIDADES › 164
VAMOS RESOLVER! › 166
O RELÓGIO E AS HORAS › 168
O CALENDÁRIO › 172
OS DIAS DA SEMANA › 172
OS MESES E O ANO › 174
O REAL › 176

JOGO
LIGUE PONTOS › 178

PESSOAS E LUGARES
DIFERENTES MANEIRAS DE COMEMORAR O ANO-NOVO › 180

APRENDER SEMPRE › 182

CAPÍTULO 8 — MULTIPLICAÇÃO › 184

QUANTOS SÃO? › 185
MULTIPLICAÇÃO › 188
VEZES 2 › 190
VEZES 3 › 192
VEZES 4 › 194
VEZES 5 › 196
VAMOS RESOLVER! › 198
DOBRO E TRIPLO › 200
METADE › 202
TERÇO › 204

TRATAMENTO DA INFORMAÇÃO
FAZER PESQUISAS › 206

JOGO
JOGO DA MULTIPLICAÇÃO › 208

VAMOS LER IMAGENS!
PROPAGANDAS › 210

APRENDER SEMPRE › 212

SUGESTÕES DE LEITURA › 214
BIBLIOGRAFIA › 216
MATERIAL COMPLEMENTAR › 217

CAPÍTULO 1
NÚMEROS

A FÁBRICA EM QUE VÍTOR TRABALHA PRODUZ CARRINHOS DE BRINQUEDO. OS CARRINHOS SÃO COLOCADOS EM EMBALAGENS, QUE SÃO ORGANIZADAS EM CAIXAS E ENVIADAS PARA AS LOJAS.

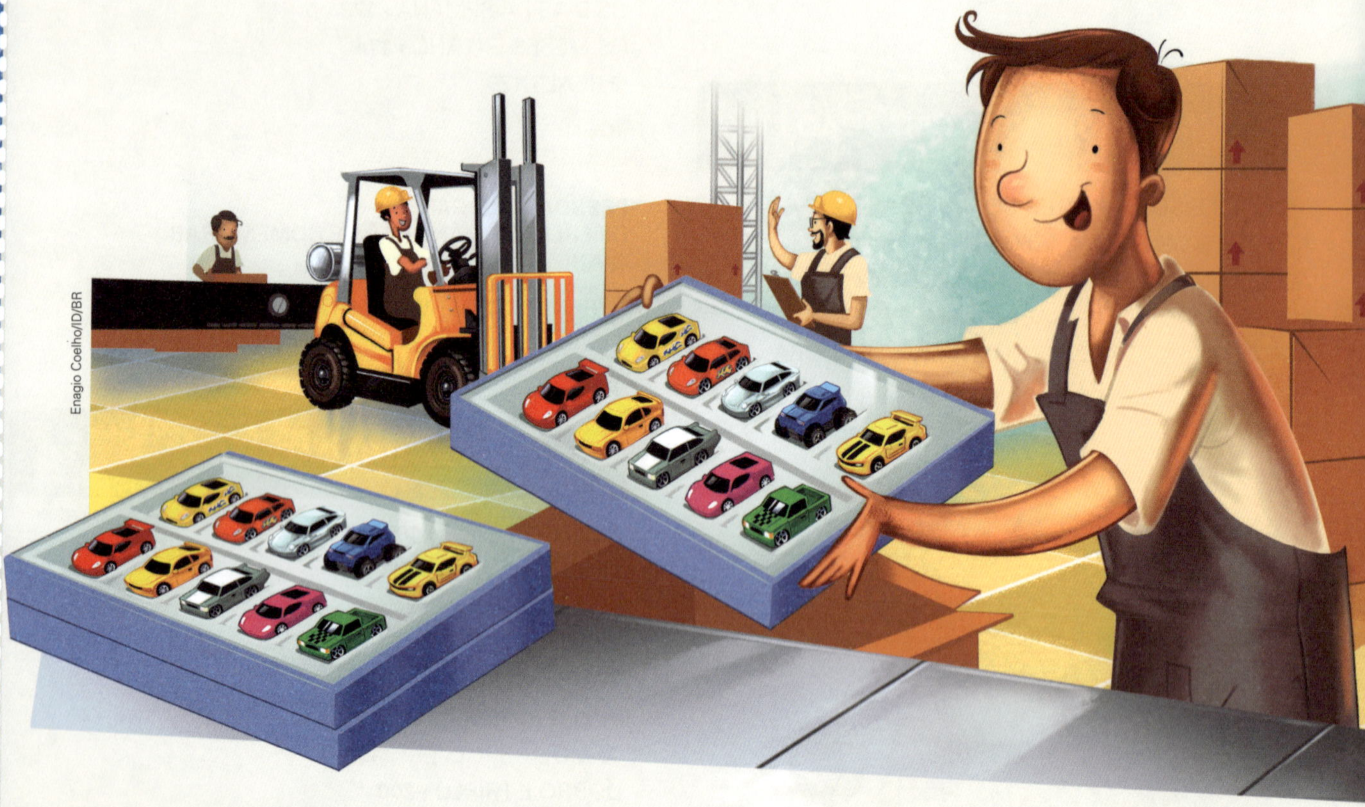

▶ QUANTOS CARRINHOS HÁ EM CADA EMBALAGEM?

▶ EM UMA EMBALAGEM HÁ MENOS QUE 1 DEZENA, EXATAMENTE 1 DEZENA OU MAIS QUE 1 DEZENA DE CARRINHOS?

▶ PARA LEVAR OS CARRINHOS PARA AS LOJAS, AS EMBALAGENS SÃO TRANSPORTADAS EM CAIXAS EM QUE CABEM 5 EMBALAGENS. QUANTOS CARRINHOS SÃO TRANSPORTADOS EM CADA CAIXA? COMO VOCÊ FEZ PARA DESCOBRIR?

NÚMEROS NO DIA A DIA

1 OBSERVE ALGUMAS SITUAÇÕES EM QUE OS NÚMEROS SÃO USADOS NO DIA A DIA.

ORDEM — CÓDIGO

QUANTIDADE — MEDIDA

PLACA INDICATIVA DE DISTÂNCIA NA RODOVIA DOS TROPEIROS, EM SÃO PAULO. FOTO DE 2016.

- AGORA, PENSE NO CAMINHO QUE VOCÊ FAZ TODOS OS DIAS PARA IR À ESCOLA. ONDE VOCÊ VÊ NÚMEROS? FAÇA UM DESENHO PARA MOSTRAR ESSES NÚMEROS E ONDE ELES APARECEM.

NÚMEROS DE 0 A 9

1 AO LONGO DA HISTÓRIA, OS NÚMEROS FORAM REPRESENTADOS DE DIFERENTES MANEIRAS. VEJA ALGUMAS DELAS.

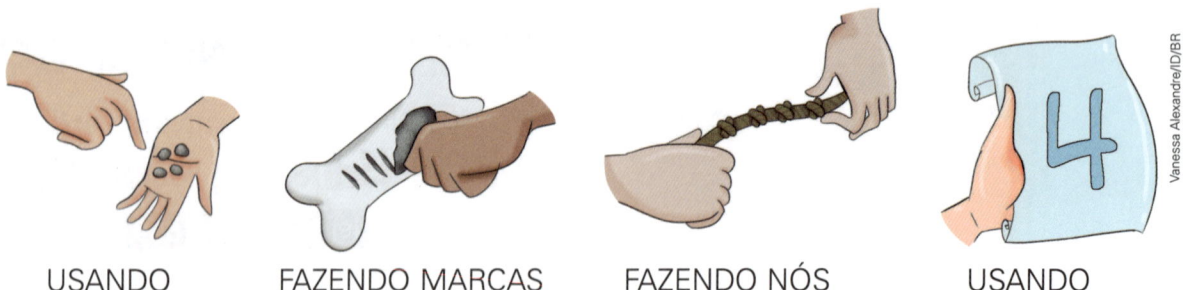

| USANDO PEDRAS. | FAZENDO MARCAS EM UM OSSO. | FAZENDO NÓS EM UMA CORDA. | USANDO SÍMBOLOS. |

- VOCÊ CONHECE OUTRAS MANEIRAS DE REPRESENTAR NÚMEROS? CONTE AOS COLEGAS E AO PROFESSOR.

2 HOJE EM DIA, PODEMOS USAR OS SÍMBOLOS DESTACADOS ABAIXO PARA REPRESENTAR QUALQUER NÚMERO.

> **0** (ZERO), **1** (UM), **2** (DOIS), **3** (TRÊS), **4** (QUATRO), **5** (CINCO), **6** (SEIS), **7** (SETE), **8** (OITO), **9** (NOVE).

ESSES SÍMBOLOS SÃO CHAMADOS DE ALGARISMOS (OU DÍGITOS).

- REPRESENTE SUA IDADE DE DUAS MANEIRAS DIFERENTES.

3 ESCREVA QUANTOS APONTADORES HÁ EM CADA CASO.

APONTADORES	USANDO ALGARISMOS	POR EXTENSO
	0	zero
▪	1	um
▪▪	2	dois
▪▪▪	3	três
▪▪▪▪	4	quatro
▪▪▪▪▪	5	cinco
▪▪▪▪▪▪	6	seis
▪▪▪▪▪▪▪	7	sete
▪▪▪▪▪▪▪▪	8	oito
▪▪▪▪▪▪▪▪▪	9	nove

ONZE 11

ORDEM CRESCENTE E ORDEM DECRESCENTE

1 A EXPRESSÃO **COLOCAR EM ORDEM** PODE TER MUITOS SIGNIFICADOS NO DIA A DIA. COLOCAR ALGO EM ORDEM EQUIVALE A ORGANIZAR, ARRUMAR, AJEITAR. OBSERVE A CENA A SEGUIR.

VAMOS ORGANIZAR UMA FILA PARA VOCÊS ENTRAREM NO ÔNIBUS.

A. POR QUE A PROFESSORA QUER ORGANIZAR UMA FILA? CONVERSE COM OS COLEGAS E O PROFESSOR.

B. OBSERVE COMO FICOU A FILA DE CRIANÇAS.

COMO A PROFESSORA ORGANIZOU AS CRIANÇAS NA FILA? MARQUE COM UM **X** A RESPOSTA CORRETA.

☐ ELA ORGANIZOU UMA FILA ORDENANDO AS CRIANÇAS DA MAIS BAIXA PARA A MAIS ALTA.

☐ ELA ORGANIZOU UMA FILA ORDENANDO AS CRIANÇAS DA MAIS ALTA PARA A MAIS BAIXA.

☐ ELA ORGANIZOU UMA FILA ALTERNANDO A ALTURA DAS CRIANÇAS.

C. DE QUE OUTRAS MANEIRAS A FILA PODERIA SER ORGANIZADA? CONVERSE COM OS COLEGAS E O PROFESSOR.

2 OS NÚMEROS TAMBÉM PODEM SER COLOCADOS EM ORDEM. PAULA E CAIO REPRESENTARAM OS NÚMEROS DE 1 A 9 PINTANDO QUADRADINHOS EM UMA MALHA. OBSERVE COMO ELES ORGANIZARAM ESSES NÚMEROS EM SEQUÊNCIAS DIFERENTES.

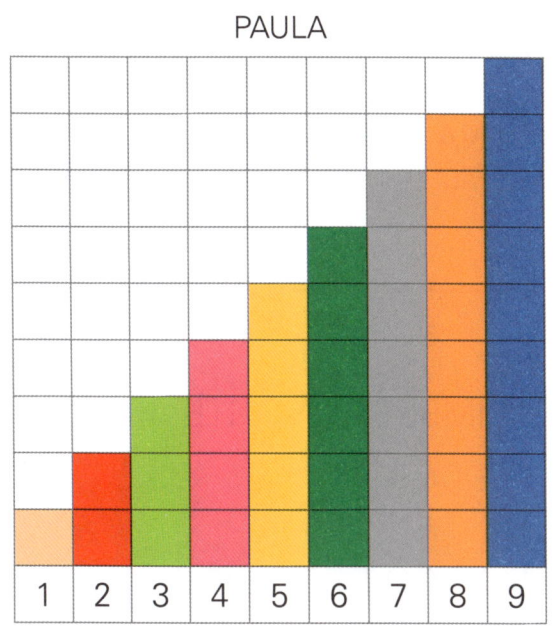
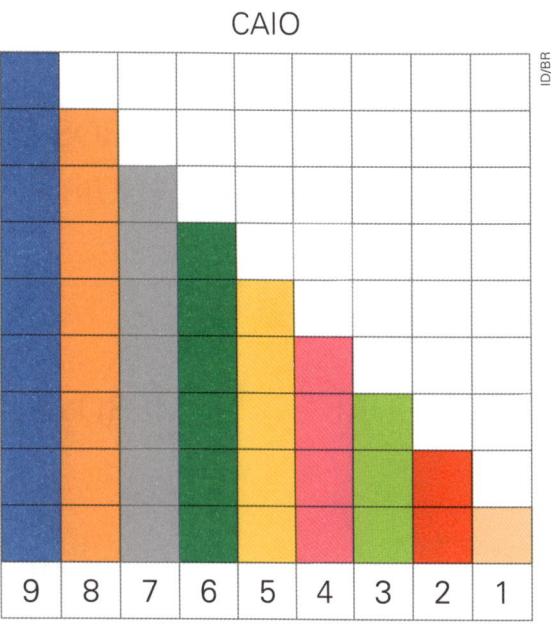

A. QUAL NÚMERO É MAIOR: 4 OU 9? _____

B. QUAL NÚMERO É MENOR: 8 OU 3? _____

C. QUEM ORGANIZOU OS NÚMEROS DO MENOR PARA O MAIOR? _____

D. QUEM ORGANIZOU OS NÚMEROS DO MAIOR PARA O MENOR? _____

> QUANDO ORGANIZAMOS OS NÚMEROS DO MENOR PARA O MAIOR, DIZEMOS QUE ELES ESTÃO EM **ORDEM CRESCENTE**.
>
> QUANDO ORGANIZAMOS OS NÚMEROS DO MAIOR PARA O MENOR, DIZEMOS QUE ELES ESTÃO EM **ORDEM DECRESCENTE**.

O QUE VEM ANTES? O QUE VEM DEPOIS?

1 NA SALA DE AULA ONDE VOCÊ ESTUDA, AS CARTEIRAS ESTÃO ORGANIZADAS EM FILEIRAS? SE SIM, RESPONDA ÀS QUESTÕES.

A. QUEM SE SENTA LOGO À SUA FRENTE? _____

B. QUEM SE SENTA LOGO ATRÁS DE VOCÊ? _____

2 OBSERVE OS NÚMEROS DE 0 A 9 NA RETA NUMÉRICA E FAÇA O QUE SE PEDE A SEGUIR.

A. QUAL É O NÚMERO QUE VEM IMEDIATAMENTE ANTES DO 8? _____

B. QUAL É O NÚMERO QUE VEM LOGO DEPOIS DO 4? _____

C. QUAL É O NÚMERO QUE ESTÁ ENTRE O 0 E O 2? _____

D. COMPLETE A FRASE COM AS PALAVRAS **MAIOR** E **MENOR**.

DA ESQUERDA PARA A DIREITA, OS NÚMEROS DA RETA NUMÉRICA ESTÃO ORGANIZADOS DO _____ PARA O _____ .

3 DESCUBRA A REGRA E COMPLETE AS RETAS NUMÉRICAS.

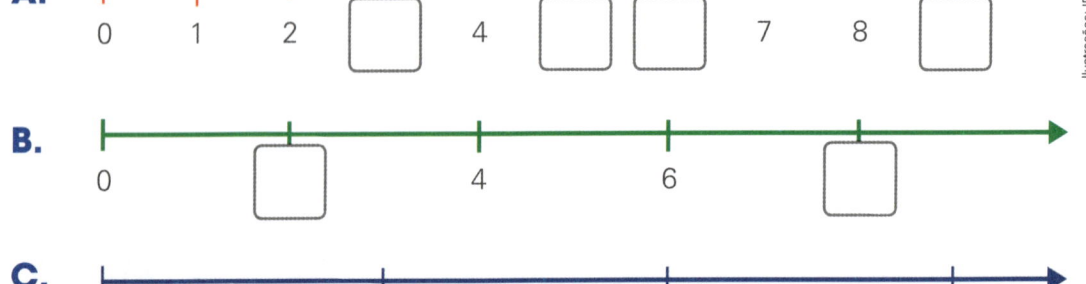

4 ORGANIZE OS NÚMEROS DAS ETIQUETAS EM ORDEM CRESCENTE.

Ilustrações: ID/BR

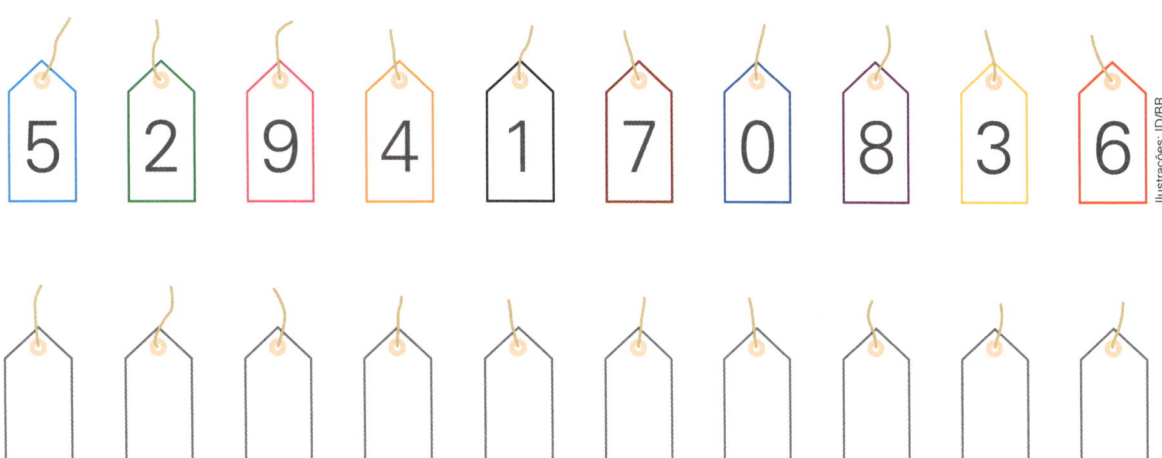

5 CONSIDERANDO A SEQUÊNCIA QUE VOCÊ ESCREVEU NA ATIVIDADE **4**, COMPLETE COM AS PALAVRAS **ANTES** OU **DEPOIS**.

A. O NÚMERO 5 VEM IMEDIATAMENTE ______________________ DO NÚMERO 6.

B. O NÚMERO 9 VEM LOGO ____________________ DO NÚMERO 8.

C. O NÚMERO 1 VEM LOGO ____________________ DO NÚMERO 0.

D. O NÚMERO 1 VEM IMEDIATAMENTE ______________________ DO NÚMERO 2.

6 SEGUINDO A ORDEM DA SEQUÊNCIA QUE VOCÊ ESCREVEU NA ATIVIDADE **4**, COMPLETE AS ETIQUETAS COM O NÚMERO QUE VEM **IMEDIATAMENTE ANTES** E COM O NÚMERO QUE VEM **LOGO DEPOIS** EM CADA CASO.

A.

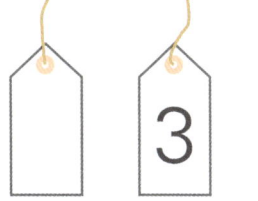

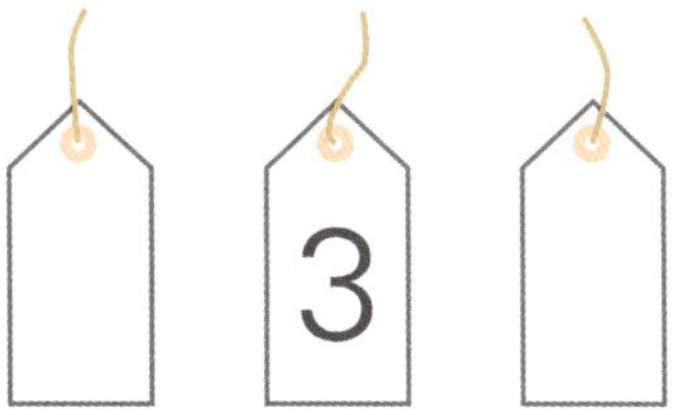

B.

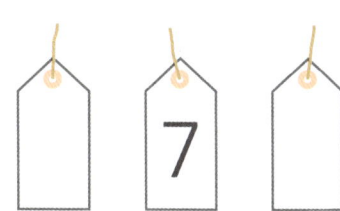

NÚMEROS ORDINAIS

1 TATIANE E PAULO ESTÃO NA FILA PARA ASSISTIR A UMA PEÇA DE TEATRO.

A. TATIANE É A PRIMEIRA DA FILA E NA FRENTE DE PAULO HÁ APENAS 3 MENINAS. CONTORNE-OS.

B. COMO VOCÊ INDICARIA A POSIÇÃO QUE PAULO OCUPA NA FILA? CONTE AOS COLEGAS E AO PROFESSOR.

PARA INDICAR A POSIÇÃO DE CADA CRIANÇA NA FILA, PODEMOS UTILIZAR OS NÚMEROS ORDINAIS.

OS NÚMEROS ORDINAIS PODEM SER ESCRITOS COM SÍMBOLOS OU POR EXTENSO. VEJA ALGUNS EXEMPLOS A SEGUIR.

SÍMBOLO	POR EXTENSO		SÍMBOLO	POR EXTENSO
1º	PRIMEIRO	OU	1ª	PRIMEIRA
2º	SEGUNDO	OU	2ª	SEGUNDA
3º	TERCEIRO	OU	3ª	TERCEIRA
4º	QUARTO	OU	4ª	QUARTA
5º	QUINTO	OU	5ª	QUINTA
6º	SEXTO	OU	6ª	SEXTA
7º	SÉTIMO	OU	7ª	SÉTIMA
8º	OITAVO	OU	8ª	OITAVA
9º	NONO	OU	9ª	NONA

C. SE MAIS UMA CRIANÇA CHEGASSE À FILA, QUAL SERIA A POSIÇÃO DELA? _____

2 OBSERVE A POSIÇÃO DE CADA ALUNO NA CORRIDA DO OVO DA GINCANA ESCOLAR E RESPONDA ÀS QUESTÕES.

A. QUAL É A COR DA CAMISETA DA CRIANÇA QUE ESTÁ EM 1º LUGAR? _____

B. O TÊNIS DA CRIANÇA QUE ESTÁ EM TERCEIRO É LARANJA OU BRANCO? _____

C. VOCÊ JÁ OUVIU FALAR OU PARTICIPOU DESSE TIPO DE CORRIDA? CONVERSE COM OS COLEGAS E O PROFESSOR.

3 USANDO NÚMEROS ORDINAIS, ORGANIZE AS CENAS DA HISTÓRIA ABAIXO NA ORDEM EM QUE ELAS ACONTECERAM.

- EM UMA DAS CENAS, O PAI EXPLICOU AO FILHO QUE ELE NÃO DEVERIA FAZER O QUE FEZ. EM SUA OPINIÃO, O QUE O MENINO FEZ DE ERRADO?

A DEZENA

1 OBSERVE A TORCIDA ESPERANDO O INÍCIO DO JOGO.

- QUANTOS BALÕES APARECEM NA CENA ACIMA? _____

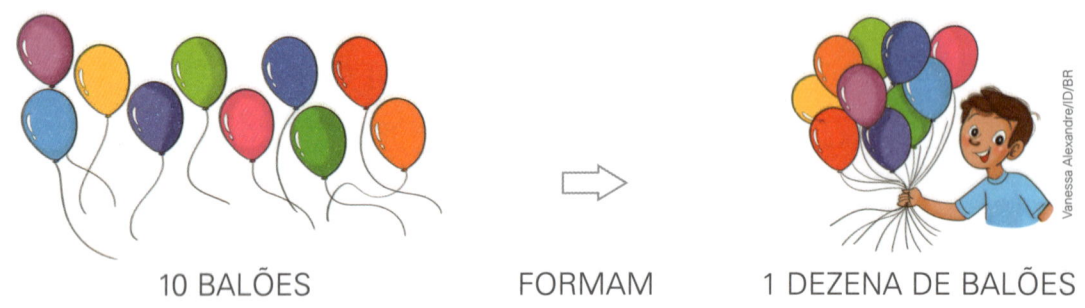

10 BALÕES　　　FORMAM　　　1 DEZENA DE BALÕES

CADA BALÃO REPRESENTA **1 UNIDADE**.

CADA GRUPO DE **10 UNIDADES** EQUIVALE A **1 DEZENA**.

PODEMOS REPRESENTAR ESSA QUANTIDADE EM UM QUADRO. VEJA.

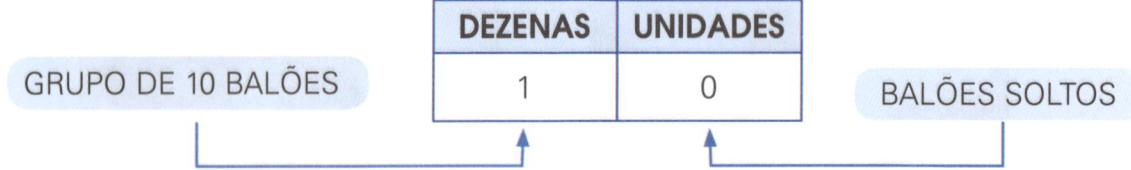

GRUPO DE 10 BALÕES　　　　　　　　　　BALÕES SOLTOS

DEZENAS	UNIDADES
1	0

TAMBÉM PODEMOS REGISTRAR ESSAS INFORMAÇÕES USANDO O MATERIAL DOURADO.

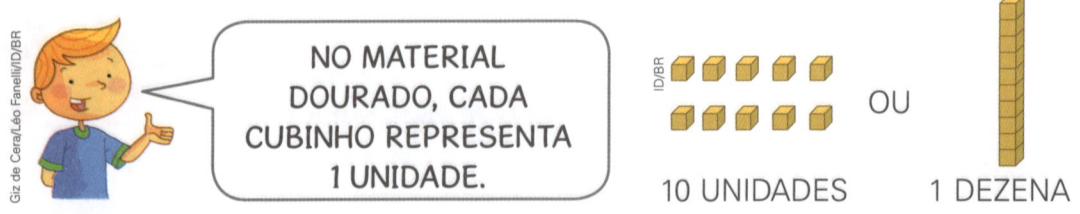

NO MATERIAL DOURADO, CADA CUBINHO REPRESENTA 1 UNIDADE.

10 UNIDADES　　OU　　1 DEZENA

2 VÍTOR VAI SEPARAR UMA DEZENA DOS BRINQUEDOS DELE PARA DOAR. AJUDE-O, PINTANDO OS BRINQUEDOS QUE SERÃO DOADOS.

- EM SUA OPINIÃO, ATITUDES COMO A DE VÍTOR SÃO IMPORTANTES? POR QUÊ? CONVERSE COM OS COLEGAS E O PROFESSOR.

3 OBSERVE ALGUMAS PEÇAS DO MATERIAL DOURADO E RESPONDA ÀS QUESTÕES.

 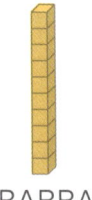 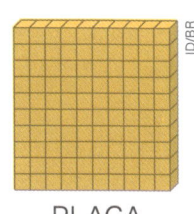

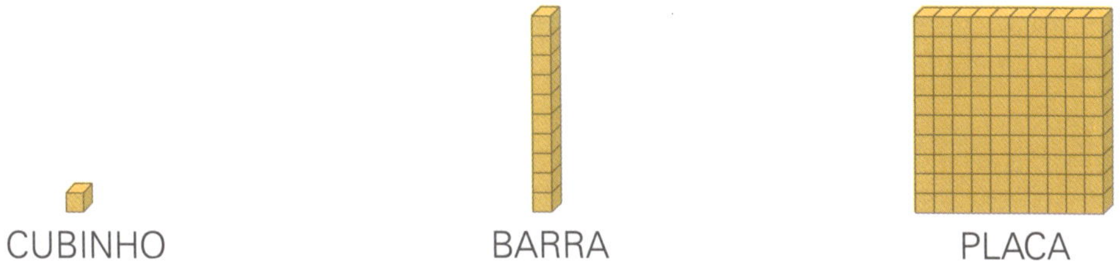

CUBINHO   BARRA   PLACA

A. QUANTOS CUBINHOS HÁ EM UMA BARRA? _____

B. CADA CUBINHO REPRESENTA 1 UNIDADE. UMA BARRA REPRESENTA QUANTAS UNIDADES? _____

C. QUANTAS BARRAS HÁ EM UMA PLACA? _____

NÚMEROS DE 11 A 19

1 FORME UM OU MAIS GRUPOS DE 10 PESSOAS NA CENA ABAIXO. DEPOIS, RESPONDA ÀS QUESTÕES.

A. QUANTOS GRUPOS VOCÊ FORMOU? _____

B. QUANTAS PESSOAS FICARAM SEM GRUPO? _____

C. QUANTAS PESSOAS APARECEM NA CENA? _____

VEJA COMO PODEMOS REPRESENTAR A QUANTIDADE DE PESSOAS DA CENA COM O MATERIAL DOURADO.

PODEMOS USAR APENAS CUBINHOS.

OU PODEMOS TROCAR 10 CUBINHOS POR 1 BARRA.

ASSIM, FICAMOS COM 1 BARRA E 3 CUBINHOS.

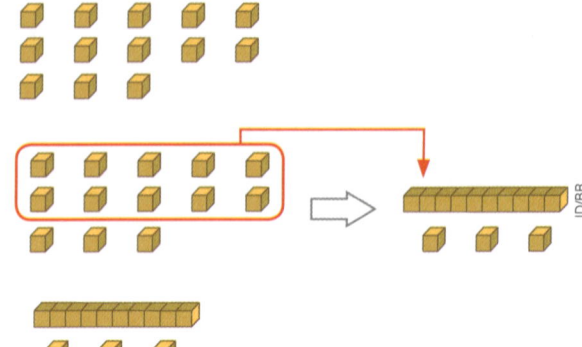

CADA CUBINHO DO MATERIAL DOURADO REPRESENTA 1 UNIDADE, E CADA BARRA REPRESENTA 1 DEZENA. OBSERVE COMO PODEMOS ESCREVER O NÚMERO DE BARRAS E DE CUBINHOS:

1 DEZENA E 3 UNIDADES OU 10 UNIDADES MAIS 3 UNIDADES OU 13 (**TREZE**) UNIDADES.

2 EM CADA CASO, OBSERVE A QUANTIDADE REPRESENTADA E, A SEGUIR, COMPLETE COM NÚMEROS.

A.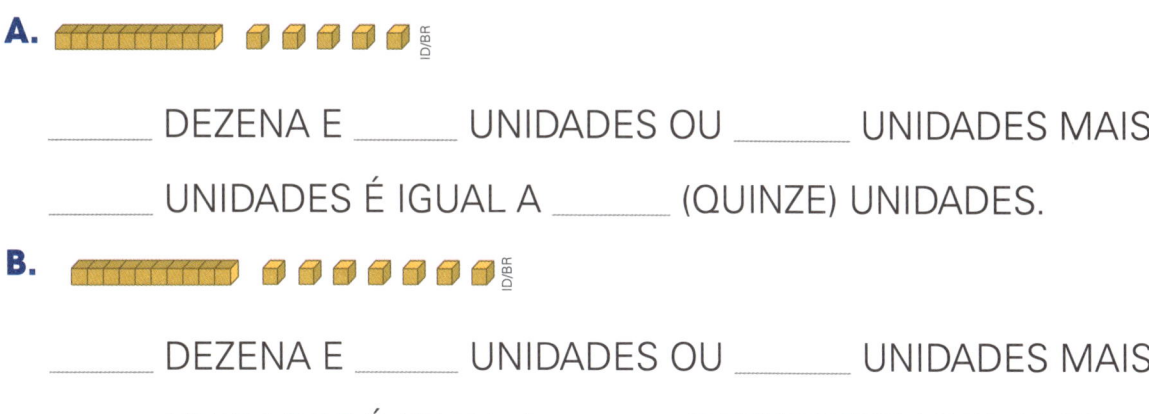

_____ DEZENA E _____ UNIDADES OU _____ UNIDADES MAIS

_____ UNIDADES É IGUAL A _____ (QUINZE) UNIDADES.

B.

_____ DEZENA E _____ UNIDADES OU _____ UNIDADES MAIS

_____ UNIDADES É IGUAL A _____ (DEZESSETE) UNIDADES.

3 OBSERVE AS BOLAS DE GUDE QUE RENATO E ALEX TÊM.

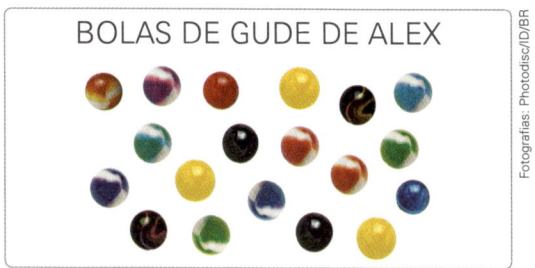

A. QUEM TEM MAIS BOLINHAS DE GUDE? _____

B. COMO VOCÊ PENSOU PARA RESPONDER À QUESTÃO ACIMA? EXPLIQUE AOS COLEGAS E AO PROFESSOR.

C. CONFIRME SUA RESPOSTA AGRUPANDO AS BOLINHAS DE 10 EM 10. DEPOIS, COMPLETE A FRASE.

RENATO TEM _____ BOLINHAS DE GUDE E ALEX TEM _____ BOLINHAS DE GUDE.

4 OBSERVE O QUADRO E COMPLETE COM OS NÚMEROS.

D	U
1	6

_____ DEZENA E _____ UNIDADES OU 10 UNIDADES

MAIS _____ UNIDADES É IGUAL A 16 (DEZESSEIS) UNIDADES.

ANOTE!
PARA FACILITAR, VAMOS USAR **D** PARA **D**EZENAS E **U** PARA **U**NIDADES.

AGRUPANDO PARA CONTAR

1 OBSERVE COMO NATÁLIA FEZ PARA CONTAR A QUANTIDADE DE CARRINHOS.

FIZ GRUPOS DE 2 CARRINHOS. DEPOIS, FUI CONTANDO: 2, 4, 6, 8.

- FAÇA COMO NATÁLIA E AGRUPE OS BARQUINHOS DE 2 EM 2 PARA CONTAR QUANTOS BARQUINHOS HÁ NO TOTAL. DEPOIS, COMPLETE A FRASE.

NO TOTAL, HÁ _____ BARQUINHOS.

2 LAÉRCIO VAI ORGANIZAR OS APITOS QUE VAI DAR ÀS CRIANÇAS DA TURMA. CONTORNE OS APITOS DE 5 EM 5 PARA DESCOBRIR QUANTOS APITOS ELE TEM.

- QUANTOS APITOS LAÉRCIO TEM? _____

3 PEDRO ESTÁ ARRUMANDO O SALÃO DE FESTAS. ELE COLOCOU 4 CADEIRAS EM CADA MESA. OBSERVE A CENA ABAIXO.

A. QUANTAS CADEIRAS HÁ NO SALÃO? _____

B. COMO VOCÊ FEZ PARA CONTAR QUANTAS CADEIRAS HÁ NO TOTAL? CONVERSE COM OS COLEGAS E O PROFESSOR.

4 OBSERVE COMO TALITA E FÁBIO FIZERAM PARA CONTAR A QUANTIDADE DE TAMPINHAS.

A. QUANTAS TAMPINHAS CADA UM CONTOU?

_____

B. HÁ OUTRAS MANEIRAS DE CONTAR A QUANTIDADE DE TAMPINHAS? CONVERSE COM OS COLEGAS E O PROFESSOR SOBRE ELAS.

DÚZIA E MEIA DÚZIA

1 PAULA CONVIDOU ALGUNS AMIGOS PARA ALMOÇAR EM CASA. ELA FOI À FEIRA COMPRAR INGREDIENTES PARA PREPARAR O ALMOÇO E FLORES PARA ENFEITAR A CASA.

COMPLETE AS LACUNAS DE ACORDO COM AS CENAS ACIMA.

A. PAULA COMPROU UMA BANDEJA COM _____ OVOS, OU SEJA, MEIA DÚZIA DE OVOS.

B. PAULA COMPROU UM BUQUÊ COM _____ ROSAS, OU SEJA, UMA DÚZIA DE ROSAS.

> **DÚZIA** E **MEIA DÚZIA** SÃO AGRUPAMENTOS COMUNS EM NOSSO COTIDIANO.
> UMA **DÚZIA** É UM AGRUPAMENTO DE **12 UNIDADES**, E **MEIA DÚZIA** É UM AGRUPAMENTO DE **6 UNIDADES**.

2 OS PRODUTOS ABAIXO SÃO COMUMENTE VENDIDOS EM DÚZIA. CONTINUE DESENHANDO ATÉ OBTER UMA DÚZIA.

A.

B.

- VOCÊ CONHECE OUTROS PRODUTOS QUE SÃO VENDIDOS EM DÚZIA? CONTE AOS COLEGAS E AO PROFESSOR.

3 RODRIGO ESTÁ PREPARANDO UMA LIMONADA. OBSERVE.

- QUANTOS LIMÕES RODRIGO VAI USAR PARA FAZER A LIMONADA? _____

DEZENAS INTEIRAS

1 AS PEÇAS DO MATERIAL DOURADO ABAIXO ESTÃO REPRESENTANDO DEZENAS INTEIRAS. CONTINUE COMPLETANDO.

	1 GRUPO DE 10 UNIDADES. 1 DEZENA OU 10 (DEZ) UNIDADES.
_____ GRUPOS DE 10 UNIDADES. _____ DEZENAS OU 20 (VINTE) UNIDADES.	_____ GRUPOS DE 10 UNIDADES. _____ DEZENAS OU _____ (TRINTA) UNIDADES.
_____ GRUPOS DE 10 UNIDADES. _____ DEZENAS OU _____ (QUARENTA) UNIDADES.	_____ GRUPOS DE 10 UNIDADES. _____ DEZENAS OU _____ (CINQUENTA) UNIDADES.
_____ GRUPOS DE 10 UNIDADES. _____ DEZENAS OU _____ (SESSENTA) UNIDADES.	_____ GRUPOS DE 10 UNIDADES. _____ DEZENAS OU _____ (SETENTA) UNIDADES.
_____ GRUPOS DE 10 UNIDADES. _____ DEZENAS OU _____ (OITENTA) UNIDADES.	_____ GRUPOS DE 10 UNIDADES. _____ DEZENAS OU _____ (NOVENTA) UNIDADES.

OS NÚMEROS 10, 20, 30, 40, 50, 60, 70, 80 E 90 SÃO **DEZENAS INTEIRAS**.

2 SEPARE OS OBJETOS EM GRUPOS DE 10 E COMPLETE AS SENTENÇAS.

A.  40 UNIDADES = _____ DEZENAS

4 GRUPOS DE 10 UNIDADES

10 + 10 + 10 + _____ = 40 (QUARENTA)

B.  50 UNIDADES = _____ DEZENAS

5 GRUPOS DE 10 UNIDADES

10 + 10 + 10 + _____ + _____ = 50 (CINQUENTA)

3 OS TORCEDORES ESTÃO ESPERANDO PELO INÍCIO DE UM JOGO DE BASQUETE. OBSERVE.

A. QUANTOS TORCEDORES HÁ NA CENA ACIMA? _____

B. ESSE NÚMERO CORRESPONDE A QUANTAS DEZENAS DE TORCEDORES? _____

ADIÇÃO E SUBTRAÇÃO COM DEZENAS INTEIRAS

1 IVANA E ALDO GUARDARAM BOLAS DE GUDE EM SAQUINHOS COM 10 BOLAS CADA UM. ELES MONTARAM 3 SAQUINHOS COM BOLAS AZUIS E 4 SAQUINHOS COM BOLAS VERDES. QUANTAS BOLAS DE GUDE ELES GUARDARAM AO TODO?

A. COMO VOCÊ RESOLVERIA ESSE PROBLEMA? CONTE AOS COLEGAS E AO PROFESSOR.

B. COMPLETE AS LACUNAS.

EM 3 SAQUINHOS COM 10 BOLAS AZUIS, HÁ 3 DEZENAS DE BOLAS AZUIS.

EM 4 SAQUINHOS COM 10 BOLAS VERDES, HÁ 4 DEZENAS DE BOLAS VERDES.

PODEMOS PENSAR QUE 3 DEZENAS MAIS 4 DEZENAS É IGUAL A _____ DEZENAS PORQUE 3 + 4 = _____.

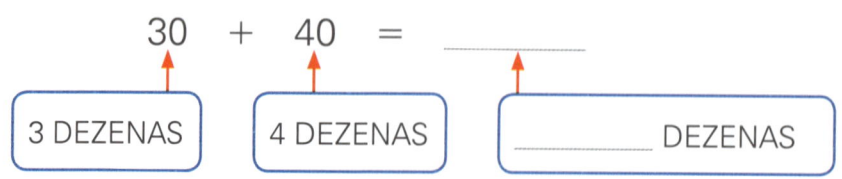

AO TODO, ELES GUARDARAM _____ BOLAS DE GUDE.

2 OBSERVE A QUANTIDADE DE IOIÔS E PIÕES EM CADA EMBALAGEM E RESPONDA À QUESTÃO.

■ QUANTOS BRINQUEDOS HÁ AO TODO? _____

3 MARIA GANHOU UMA CARTELA COM 40 ADESIVOS E JÁ COLOU 10 NO CADERNO. QUANTOS ADESIVOS AINDA HÁ NA CARTELA?

A. COMO VOCÊ RESOLVERIA ESSE PROBLEMA? CONTE AOS COLEGAS E AO PROFESSOR.

B. COMPLETE AS LACUNAS ABAIXO.

40 ADESIVOS SÃO _____ DEZENAS DE ADESIVOS, E 10 ADESIVOS SÃO _____ DEZENA DE ADESIVOS.

PODEMOS PENSAR QUE 4 DEZENAS MENOS 1 DEZENA É IGUAL A _____ DEZENAS, POIS 4 − 1 = _____.

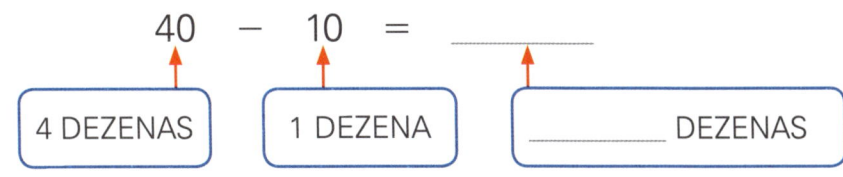

NA CARTELA AINDA HÁ _____ ADESIVOS.

4 CARINA FEZ 80 BRIGADEIROS PARA VENDER NA FESTA DA PRIMAVERA E SOBRARAM 60 BRIGADEIROS. QUANTOS BRIGADEIROS ELA VENDEU?

CARINA VENDEU _____ BRIGADEIROS.

5 CALCULE E COMPLETE COM O RESULTADO DE CADA OPERAÇÃO.

A. 10 + 30 = _____

B. 20 + 20 = _____

C. 70 + 10 = _____

D. 40 + 50 = _____

E. 50 − 20 = _____

F. 70 − 30 = _____

G. 80 − 80 = _____

H. 90 − 40 = _____

NÚMEROS ATÉ 99

1 OBSERVE AS BLUSAS QUE JOAQUIM FEZ.

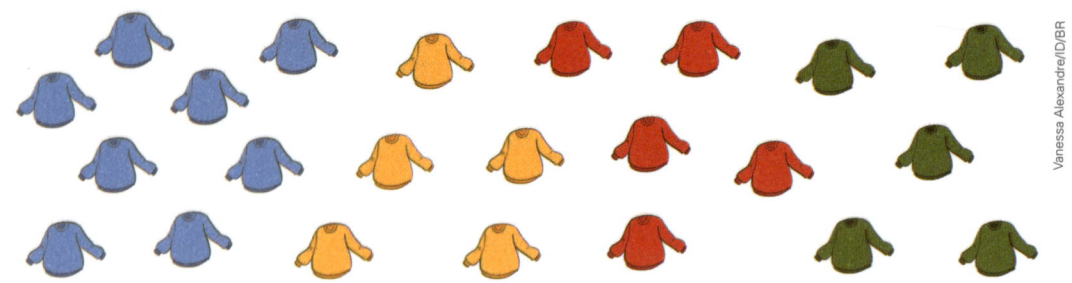

A. QUANTAS BLUSAS JOAQUIM FEZ? _____

B. COMO VOCÊ FEZ PARA DESCOBRIR QUANTAS BLUSAS ELE FEZ? CONVERSE COM OS COLEGAS E O PROFESSOR.

2 CONTORNE GRUPOS DE 10 PARA CONTAR AS BOLAS DE BASQUETE E COMPLETE AS SENTENÇAS.

_____ DEZENAS E _____ UNIDADES

_____ + _____ = _____ (TRINTA E CINCO)

NO NÚMERO 35, O 3 É O ALGARISMO DAS DEZENAS E O 5 É O ALGARISMO DAS UNIDADES.

HÁ _____ BOLAS DE BASQUETE.

NA ATIVIDADE "COLOQUE NA ESTANTE", VOCÊ VAI CONTAR QUANTAS BOLAS DE BORRACHA HÁ NA MÁQUINA, DE UM JEITO DIVERTIDO!
DISPONÍVEL EM: <https://www.matific.com/bra/pt-br/activity/CountingBouncingBallsUpTo30>. ACESSO EM: 15 NOV. 2017.

3 LEIA O TEXTO E DEPOIS COMPLETE A SENTENÇA E O QUADRO.

CADA VEZ QUE JUNTAMOS 10 DO MATERIAL DOURADO, PODEMOS TROCÁ-LOS POR 1.

CADA GRUPO DE **10 UNIDADES** CORRESPONDE A **1 DEZENA**.

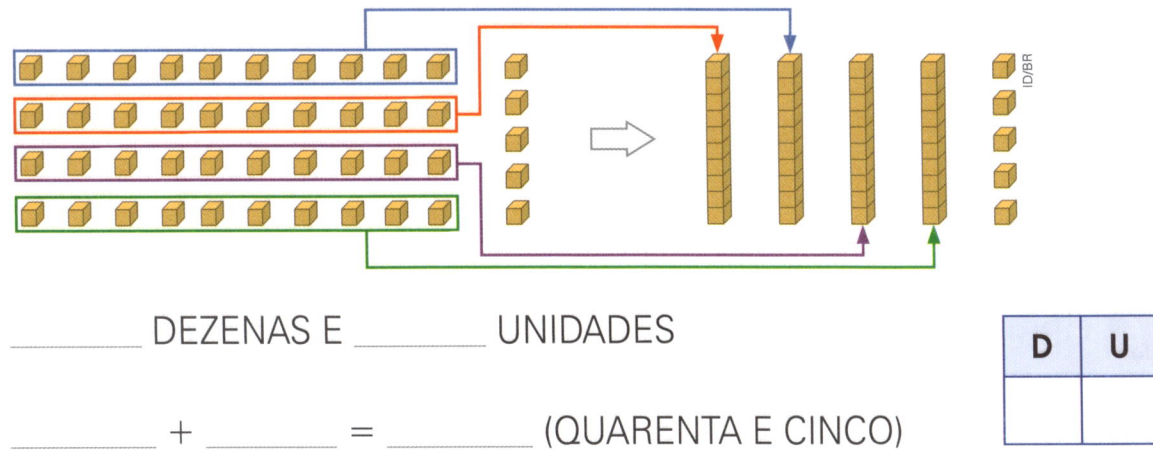

_____ DEZENAS E _____ UNIDADES

_____ + _____ = _____ (QUARENTA E CINCO)

D	U

4 OBSERVE OS CLIPES QUE VITÓRIA E SAULO TÊM.

A. FAÇA UMA ESTIMATIVA E RESPONDA: QUEM VOCÊ ACHA QUE TEM MAIS CLIPES? _____

B. CONTE DA MANEIRA QUE PREFERIR E ANOTE QUANTOS CLIPES CADA CRIANÇA TEM.

☐ VITÓRIA   ☐ SAULO

C. QUANTOS CLIPES UMA CRIANÇA TEM A MAIS QUE A OUTRA?

_____

D. COMO VOCÊ FEZ PARA RESPONDER AO ITEM **C**? CONVERSE COM OS COLEGAS E O PROFESSOR.

5 DESENHE O MENOR NÚMERO DE FICHAS ⬜10 E ⬜1 PARA REPRESENTAR O NÚMERO 73.

■ EXISTEM OUTRAS FORMAS DE REPRESENTAR O NÚMERO 73 USANDO ESSAS FICHAS? CONVERSE COM OS COLEGAS E O PROFESSOR.

6 OBSERVE COMO O PROFESSOR ORGANIZOU OS NÚMEROS DE 0 A 50 NO QUADRO DE GIZ.

COLUNA

LINHA →

0	1	2	3	4	5	6	7	8	9
10	11	12	13	14	15	16	17	18	19
20	21	22	23	24	25	26	27	28	29
30	31	32	33	34	35	36	37	38	39
40	41	42	43	44	45	46	47	48	49
50									

A. DE QUANTO EM QUANTO OS NÚMEROS AUMENTAM:

• EM CADA LINHA? _____

• EM CADA COLUNA? _____

B. OBSERVE OS NÚMEROS NO QUADRO E COMPLETE COM AS PALAVRAS **UNIDADE** OU **DEZENA**.

NAS LINHAS, DE UM NÚMERO PARA O SEGUINTE, AUMENTA O ALGARISMO CORRESPONDENTE À _____.

NAS COLUNAS, DE UM NÚMERO PARA O SEGUINTE, AUMENTA O ALGARISMO CORRESPONDENTE À _____.

7 PREENCHA O QUADRO COM OS NÚMEROS DE 51 A 98 USANDO AS DESCOBERTAS QUE VOCÊ FEZ NA ATIVIDADE **6**.

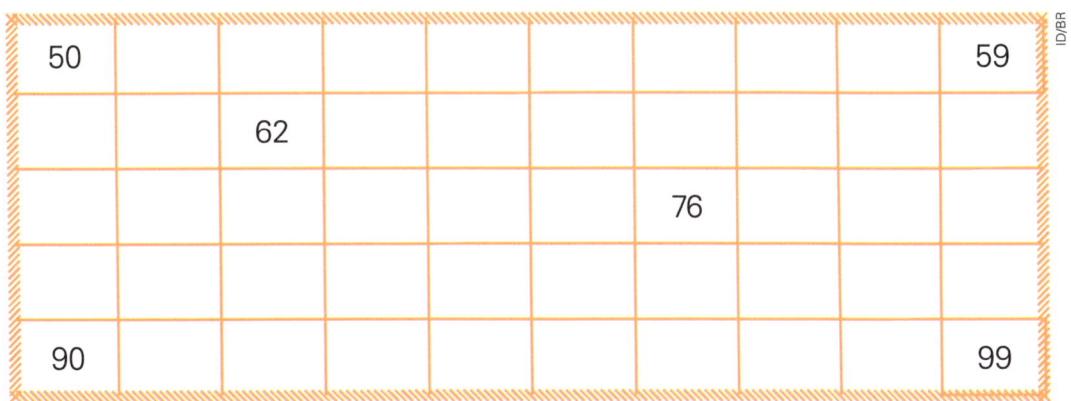

A. QUAIS NÚMEROS ESTÃO ENTRE 71 E 82?

_____

B. QUANTOS NÚMEROS VÊM DEPOIS DE 85 E ANTES DE 99?

_____

8 ESCREVA NOS VAGÕES, EM **ORDEM CRESCENTE**, OS NÚMEROS 18, 34, 15, 89, 56, 98, 5 E 24.

9 ESCREVA NAS PEDRAS, EM **ORDEM DECRESCENTE**, OS NÚMEROS 23, 67, 45, 83, 90, 50, 81 E 7.

VAMOS RESOLVER!

1 PINTE 10 BOLAS DE AZUL, 1 DEZENA DE BOLAS DE AMARELO E O RESTANTE DE VERMELHO. DEPOIS, COMPLETE.

AO TODO, HÁ _____ BOLAS.

2 FAÇA O QUE SE PEDE EM CADA ITEM.

A. DESENHE MEIA DÚZIA DE BOLAS.

B. CONTORNE UMA DÚZIA DE CARRINHOS.

3 OBSERVE AS CAIXAS A SEGUIR E PINTE DA MESMA COR AS CAIXAS QUE CONTÊM QUANTIDADES IGUAIS.

4 DESTAQUE O MATERIAL DOURADO DA PÁGINA 231, REÚNA-SE COM UM COLEGA E FAÇAM O QUE SE PEDE.

UM ALUNO DEVE PEGAR AS PEÇAS DO MATERIAL DOURADO E REPRESENTAR UM NÚMERO ATÉ 99 COM ESSAS PEÇAS. DEPOIS, O OUTRO ALUNO DEVE ESCREVER COM ALGARISMOS, NO CADERNO, O NÚMERO REPRESENTADO.

5 QUAL É O NÚMERO QUE REPRESENTA:

A. 8 DEZENAS E 2 UNIDADES? _____

B. 1 DEZENA A MAIS QUE O NÚMERO 20? _____

C. 3 DEZENAS A MENOS QUE O NÚMERO 50? _____

D. 1 DEZENA E 15 UNIDADES? _____

6 ESCREVA, EM ORDEM CRESCENTE, OS NÚMEROS QUE VOCÊ DESCOBRIU NA ATIVIDADE **5**.

_____

7 DESCUBRA QUAIS SÃO AS REGRAS DAS SEQUÊNCIAS NUMÉRICAS ABAIXO E CONTINUE COMPLETANDO CADA UMA.

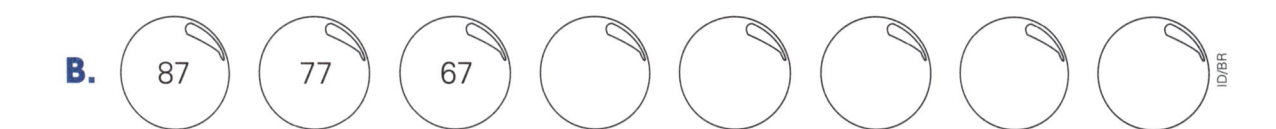

A. 0, 3, 6, 9, ___, ___, ___, ___

B. 87, 77, 67, ___, ___, ___, ___, ___

C. 22, 24, ___, 28, 30, 32, ___, 36

DECOMPOSIÇÃO DE UM NÚMERO

1 ADRIANA ESTÁ REPRESENTANDO NÚMEROS COM O MATERIAL DOURADO. OBSERVE.

A. QUAL NÚMERO ADRIANA REPRESENTOU COM O MATERIAL DOURADO NA CENA ACIMA? _____

B. REPRESENTE ESSE NÚMERO NO QUADRO E COMPLETE.

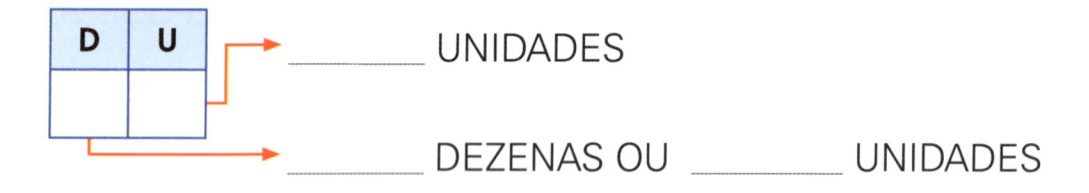

D	U

_____ UNIDADES

_____ DEZENAS OU _____ UNIDADES

PODEMOS FAZER UMA DECOMPOSIÇÃO DO NÚMERO 25 DA SEGUINTE FORMA: 25 = 20 + 5

2 COMPLETE AS DECOMPOSIÇÕES COM OS NÚMEROS QUE ESTÃO FALTANDO.

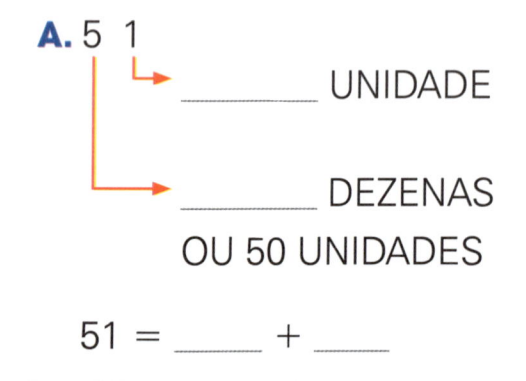

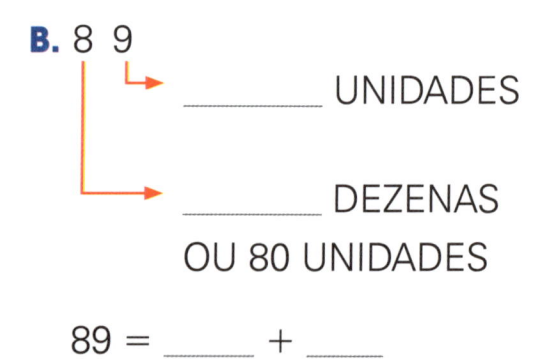

A. 5 1

_____ UNIDADE

_____ DEZENAS
OU 50 UNIDADES

51 = _____ + _____

B. 8 9

_____ UNIDADES

_____ DEZENAS
OU 80 UNIDADES

89 = _____ + _____

REPRESENTANDO NO ÁBACO

1 FLÁVIA ESTÁ APRENDENDO A REPRESENTAR NÚMEROS USANDO O ÁBACO DE PINOS.

A LETRA U INDICA QUE O PINO REPRESENTA A ORDEM DAS UNIDADES, E A LETRA D INDICA QUE O PINO REPRESENTA A ORDEM DAS DEZENAS.

A PROFESSORA FALOU QUE A LETRA C INDICA A ORDEM DAS CENTENAS E QUE VAMOS APRENDER MAIS SOBRE ESSA ORDEM AINDA NESTE ANO.

ELA REPRESENTOU UM NÚMERO NO ÁBACO DE PINOS. VEJA.

HÁ 2 ARGOLAS NO PINO DAS DEZENAS E 5 ARGOLAS NO PINO DAS UNIDADES. ISSO REPRESENTA 2 DEZENAS E 5 UNIDADES, OU SEJA, 25.

■ IDENTIFIQUE O NÚMERO REPRESENTADO NO ÁBACO AO LADO E COMPLETE.

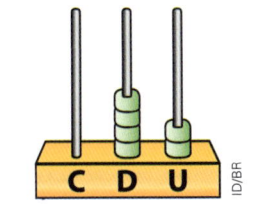

HÁ _____ ARGOLAS NO PINO DAS DEZENAS

E _____ ARGOLAS NO PINO DAS UNIDADES.

40 + _____ = _____

NO ÁBACO, ESTÁ REPRESENTADO O NÚMERO _____.

2 DESENHE ARGOLAS NOS ÁBACOS ILUSTRADOS A SEGUIR PARA REPRESENTAR OS NÚMEROS INDICADOS.

A. 60   **B.** 47 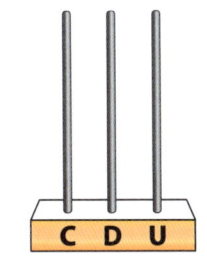   **C.** 74

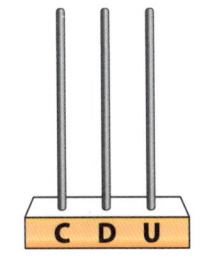

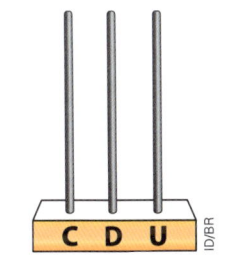

COMPARANDO NÚMEROS

1 PEDRO E HENRIQUE ACABARAM DE JOGAR UM JOGO NO *VIDEOGAME*. OBSERVE.

PEDRO 52   HENRIQUE 97
FIM DE JOGO

A. AS PONTUAÇÕES FINAIS DE PEDRO E HENRIQUE ESTÃO REPRESENTADAS ABAIXO. IDENTIFIQUE A QUEM CORRESPONDE CADA REPRESENTAÇÃO.

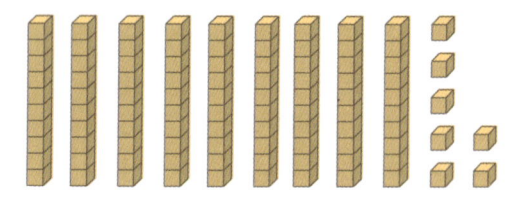

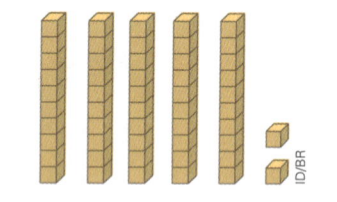

B. NESSE JOGO, VENCE QUEM FAZ MAIS PONTOS. SABENDO DISSO, RESPONDA: QUEM VENCEU O JOGO? COMO VOCÊ FEZ PARA DESCOBRIR? CONVERSE COM OS COLEGAS E O PROFESSOR.

2 OBSERVE A QUANTIDADE DE APONTADORES E DE BORRACHAS QUE LUIZ TEM NO ESTOQUE DE SUA PAPELARIA.

HÁ MAIS APONTADORES OU BORRACHAS?

3 COMPLETE A SEQUÊNCIA DE NÚMEROS DO QUADRO ABAIXO.

60	61			64		66			
70			73				77		
		82				86			89

EM CADA ITEM, COMPARE OS NÚMEROS E PINTE O MAIOR.

A. 84 — 61

B. 76 — 92

C. 83 — 73

D. 87 — 78

E. 60 — 70

F. 68 — 63

4 ESCREVA OS NÚMEROS QUE ESTÃO FALTANDO PARA COMPLETAR A SEQUÊNCIA EM ORDEM CRESCENTE.

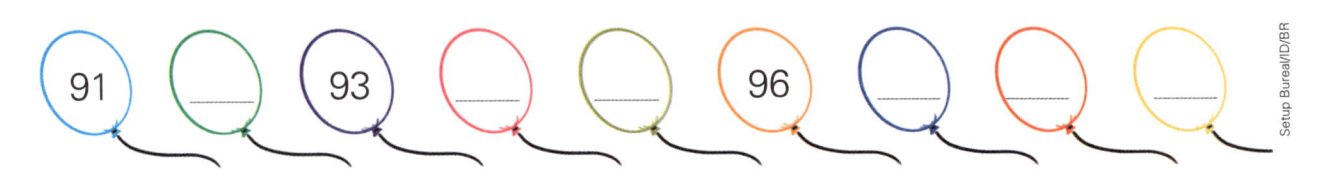

91, ___, 93, ___, ___, 96, ___, ___, ___

A. QUAL NÚMERO VEM IMEDIATAMENTE ANTES DO 93? _____

B. QUAL NÚMERO VEM LOGO DEPOIS DO NÚMERO 96? _____

O NÚMERO 92 TEM UMA **UNIDADE A MENOS** QUE O NÚMERO 93. DIZEMOS QUE 92 É O **ANTECESSOR** DE 93.

O NÚMERO 97 TEM UMA **UNIDADE A MAIS** QUE O NÚMERO 96. DIZEMOS QUE 97 É O **SUCESSOR** DE 96.

5 COMPLETE OS ESPAÇOS COM O ANTECESSOR E O SUCESSOR DE CADA UM DOS NÚMEROS ABAIXO.

A. ___ 89 ___   **B.** ___ 72 ___   **C.** ___ 50 ___

TRATAMENTO DA INFORMAÇÃO

ORGANIZAR E INTERPRETAR DADOS EM UMA TABELA

1 FERNANDA TEM UMA PAPELARIA E ESTÁ CONFERINDO A QUANTIDADE DE MATERIAIS ESCOLARES QUE ELA VENDEU NO DIA. ELA VENDEU 32 LÁPIS, 53 CANETAS, 24 LAPISEIRAS E 61 BORRACHAS.

A. COMPLETE A TABELA ABAIXO COM AS INFORMAÇÕES DO ENUNCIADO.

MATERIAL ESCOLAR VENDIDO

MATERIAL	QUANTIDADE
LÁPIS	
CANETA	
LAPISEIRA	
BORRACHA	

DADOS OBTIDOS POR FERNANDA.

B. QUAL FOI O MATERIAL ESCOLAR QUE FERNANDA MAIS VENDEU NESSE DIA? _____

C. QUAL FOI O MATERIAL ESCOLAR QUE FERNANDA MENOS VENDEU NESSE DIA? _____

2 GÍLSON TEM UMA LOJA DE BRINQUEDOS E ACABOU DE RECEBER UMA ENCOMENDA DE BICHINHOS DE PELÚCIA.

A. CONTE OS BICHINHOS DE PELÚCIA E COMPLETE A TABELA ABAIXO.

BICHINHOS DE PELÚCIA RECEBIDOS

BICHINHO	GIRAFA	LEÃO	TIGRE	JACARÉ
QUANTIDADE				

DADOS OBTIDOS POR GÍLSON.

B. QUAL BICHINHO GÍLSON RECEBEU EM MAIOR QUANTIDADE NESSA ENCOMENDA? _____

C. QUAL BICHINHO GÍLSON RECEBEU EM MENOR QUANTIDADE NESSA ENCOMENDA? _____

D. QUANTOS TIGRES ELE RECEBEU A MAIS QUE JACARÉS? _____

E. QUANTAS GIRAFAS E LEÕES ELE RECEBEU NO TOTAL? _____

F. QUANTOS BICHINHOS DE PELÚCIA GÍLSON RECEBEU NESSA ENCOMENDA? _____

APRENDER SEMPRE

1 PAULA E OS COLEGAS COMBINARAM DE PREPARAR UM LANCHE COLETIVO PARA A TURMA. NO DIA MARCADO, TODOS COLABORARAM TRAZENDO SANDUÍCHES.

A. AGRUPE OS SANDUÍCHES DE 10 EM 10 E COMPLETE O QUADRO ABAIXO.

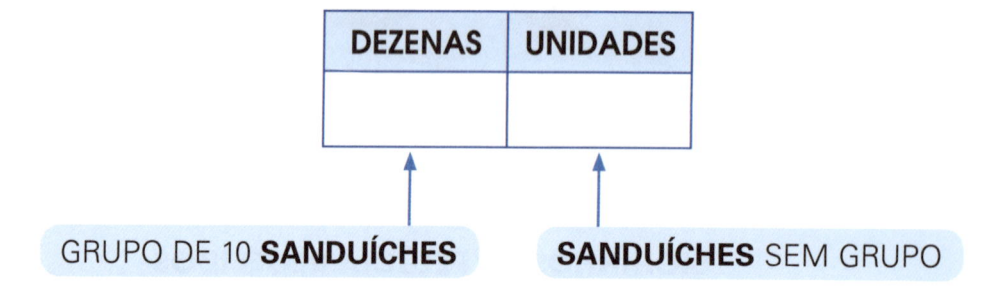

DEZENAS	UNIDADES

GRUPO DE 10 **SANDUÍCHES**   **SANDUÍCHES** SEM GRUPO

B. QUE TAL A TURMA TODA PREPARAR UM LANCHE COLETIVO? COM O AUXÍLIO DO PROFESSOR, CONVERSEM E DECIDAM O QUE CADA UM VAI TRAZER, COMO VOCÊS VÃO PREPARAR O LANCHE E EM QUE DIA E HORA SERÁ.

2 FAÇA COMO NO EXEMPLO.

13 + 1 = 14 OU 1 DEZENA E 4 UNIDADES.

A. 20 + 9 = _____

B. 30 + 7 = _____

C. 65 + 3 = _____

D. 90 + 1 = _____

3 OBSERVE OS NÚMEROS DAS FICHAS A SEGUIR E RESPONDA ÀS QUESTÕES.

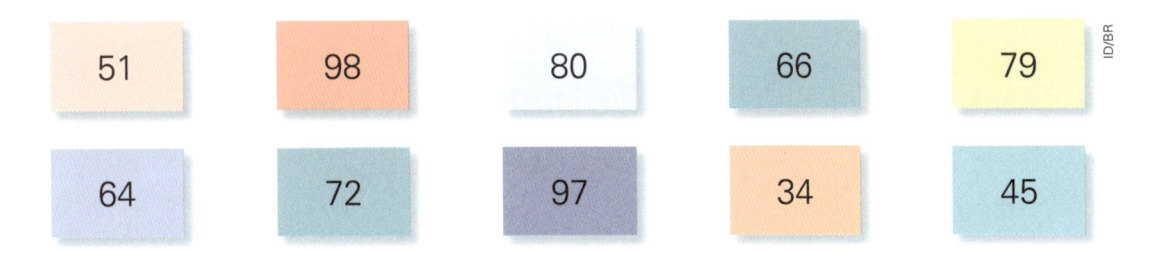

| 51 | 98 | 80 | 66 | 79 |
| 64 | 72 | 97 | 34 | 45 |

A. QUAL DESSES NÚMEROS É O MAIOR? _____

B. QUAL DESSES NÚMEROS VEM IMEDIATAMENTE DEPOIS DE 63? _____

C. QUAL DESSES NÚMEROS VEM IMEDIATAMENTE ANTES DE 73? _____

D. A DECOMPOSIÇÃO 70 + 9 CORRESPONDE A QUAL DESSES NÚMEROS? _____

E. QUAL DESSES NÚMEROS CORRESPONDE A 8 DEZENAS INTEIRAS? _____

F. QUAL DESSES NÚMEROS PODE SER ESCRITO COMO 5 DEZENAS E 1 UNIDADE? _____

4 REPRESENTE NOS ÁBACOS O **ANTECESSOR** E O **SUCESSOR** DO NÚMERO 67.

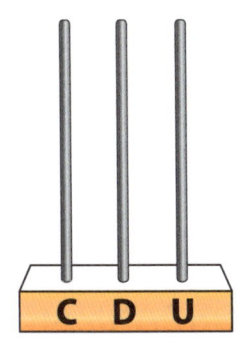

67

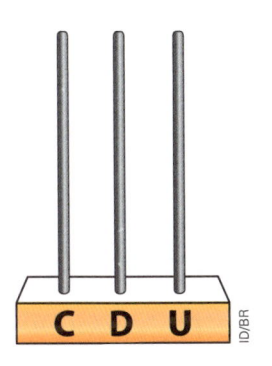

C D U   C D U

CAPÍTULO 2
ADIÇÃO E SUBTRAÇÃO

A FAMÍLIA DE FELIPE MUDOU-SE PARA UMA CASA NOVA. ELE ESTÁ ORGANIZANDO SUA COLEÇÃO DE BRINQUEDOS NA ESTANTE.

- QUANTOS BRINQUEDOS FELIPE JÁ ORGANIZOU NA ESTANTE?
- QUANTOS BRINQUEDOS AINDA NÃO FORAM ORGANIZADOS?
- AO TODO, QUANTOS BRINQUEDOS FELIPE TEM? COMO VOCÊ FEZ PARA DESCOBRIR?
- SE FELIPE COLOCAR MAIS 3 BRINQUEDOS NA ESTANTE, QUANTOS BRINQUEDOS AINDA RESTARÃO PARA ORGANIZAR?

ADIÇÃO

1 SEIS CRIANÇAS ESTAVAM NA BRINQUEDOTECA. DEPOIS, CHEGARAM MAIS CRIANÇAS PARA BRINCAR. OBSERVE A CENA E COMPLETE AS FRASES COM NÚMEROS.

_____ CRIANÇAS ESTAVAM NA BRINQUEDOTECA E CHEGARAM MAIS _____ CRIANÇAS.

_____ CRIANÇAS MAIS _____ CRIANÇAS É IGUAL A _____ CRIANÇAS.

FIZEMOS UMA OPERAÇÃO CHAMADA **ADIÇÃO** PARA DESCOBRIR QUANTAS CRIANÇAS ESTÃO BRINCANDO. PODEMOS INDICAR ASSIM: 6 + 3 = 9. O RESULTADO DESSA ADIÇÃO É 9.

A OPERAÇÃO DE ADIÇÃO É REPRESENTADA PELO SINAL **+**.

2 PINTE AS ADIÇÕES CONFORME A LEGENDA.

- ADIÇÕES COM RESULTADO IGUAL A 6.
- ADIÇÕES COM RESULTADO IGUAL A 10.

4 + 6   3 + 3   5 + 1
   7 + 3   9 + 1   5 + 5

1 + 5   2 + 4   4 + 2
   1 + 9   6 + 4   2 + 8

3 ALEXANDRE ESTÁ JOGANDO DARDOS. SUA PONTUAÇÃO É OBTIDA DE ACORDO COM O LOCAL QUE ELE ACERTA NO ALVO. NESSA RODADA, ELE ACERTOU A FAIXA DE 4 PONTOS E A FAIXA DE 2 PONTOS.

VEJA ALGUMAS MANEIRAS DE CALCULAR O TOTAL DE PONTOS QUE ALEXANDRE MARCOU NA RODADA E COMPLETE AS FRASES.

A. PODEMOS CONTAR USANDO OS DEDOS DAS MÃOS.

LEVANTAMOS 4 DEDOS DE UMA MÃO E 2 DEDOS DA OUTRA. FICAMOS COM _____ DEDOS LEVANTADOS.

4 + 2 = _____

B. PODEMOS USAR OBJETOS PARA FAZER A CONTAGEM, COMO PALITOS, BOTÕES E TAMPINHAS.

PEGAMOS 4 PALITOS COM UMA DAS MÃOS E 2 COM A OUTRA.

DEPOIS, JUNTAMOS TODOS OS PALITOS NA MESMA MÃO.

NO TOTAL, TEREMOS _____ PALITOS.

_____ + _____ = _____

C. TAMBÉM PODEMOS FAZER DESENHOS, COMO TRACINHOS OU BOLINHAS.

DESENHAMOS 4 TRACINHOS DE UMA COR.

DESENHAMOS 2 TRACINHOS DE OUTRA COR.

DEPOIS, CONTAMOS TODOS OS TRACINHOS JUNTOS.

_____ + _____ = _____

4 A TURMA DO 2º ANO VAI FAZER UMA SALADA DE FRUTAS. VEJA AS FRUTAS QUE OS GRUPOS DE LUÍSA E DE CAROL TROUXERAM E COMPLETE COM AS QUANTIDADES.

FRUTAS TRAZIDAS PELO GRUPO DE LUÍSA

FRUTAS TRAZIDAS PELO GRUPO DE CAROL

_____ MAÇÃS

_____ PERAS

- QUANTAS FRUTAS OS GRUPOS DE LUÍSA E DE CAROL TROUXERAM AO TODO?

AO TODO, OS GRUPOS DE LUÍSA E DE CAROL TROUXERAM _____ FRUTAS.

5 ALICE ADORA BRINCAR COM BOLAS DE GUDE. NO INÍCIO DA BRINCADEIRA, ELA TINHA 34 BOLAS. AO FINAL DA BRINCADEIRA, ELA GANHOU 13 BOLAS E NÃO PERDEU NENHUMA. COM QUANTAS BOLAS DE GUDE ALICE FICOU?

ALICE FICOU COM _____ BOLAS DE GUDE.

QUARENTA E SETE **47**

SUBTRAÇÃO

1 LÉO VAI SEPARAR AS FIGURINHAS REPETIDAS QUE TEM PARA TROCAR COM OS COLEGAS. OBSERVE AS FIGURINHAS QUE ELE TEM E RISQUE AS QUE SÃO REPETIDAS. DEPOIS, COMPLETE.

LÉO TEM _____ FIGURINHAS. DESSAS FIGURINHAS, _____ SÃO REPETIDAS. SOBRAM _____ FIGURINHAS.

PARA CALCULAR QUANTAS FIGURINHAS SOBRARAM, PODEMOS ESCREVER: 9 FIGURINHAS MENOS 4 FIGURINHAS É IGUAL A _____ FIGURINHAS OU 9 MENOS 4 É IGUAL A _____.

FIZEMOS UMA OPERAÇÃO CHAMADA **SUBTRAÇÃO**, QUE PODEMOS REPRESENTAR ASSIM: 9 − 4 = 5. O RESULTADO DESSA SUBTRAÇÃO É 5.

A OPERAÇÃO DE SUBTRAÇÃO É REPRESENTADA PELO SINAL −.

2 PINTE AS SUBTRAÇÕES CONFORME A LEGENDA.

- SUBTRAÇÕES CUJO RESULTADO SEJA IGUAL A 2.
- SUBTRAÇÕES CUJO RESULTADO SEJA IGUAL A 5.

3 − 1   9 − 4   10 − 8   6 − 4

8 − 6   8 − 3   4 − 2   7 − 2

7 − 5   10 − 5   5 − 3   6 − 1

3 A PROFESSORA PROPÔS AOS ALUNOS QUE CALCULASSEM O RESULTADO DA SUBTRAÇÃO 6 – 2. VEJA COMO CADA UM CALCULOU ESSE RESULTADO E COMPLETE.

A. PAULA UTILIZOU OS DEDOS DAS MÃOS PARA CALCULAR O RESULTADO.

LEVANTO _____ DEDOS.

ABAIXO _____ DEDOS.
FICAM _____ DEDOS LEVANTADOS.
ENTÃO, 6 MENOS 2 É IGUAL A _____.

B. RODRIGO USOU LÁPIS PARA FAZER A CONTAGEM.

TENHO _____ LÁPIS NA MESA.

TIRO _____ LÁPIS DA MESA.
SOBRAM _____ LÁPIS NA MESA.
ENTÃO, 6 MENOS 2 É IGUAL A _____.

C. LETÍCIA PREFERIU FAZER ESSE CÁLCULO COM DESENHOS.

FAÇO _____ TRACINHOS.

RISCO _____ TRACINHOS.

FICAM _____ TRACINHOS.
ENTÃO, 6 MENOS 2 É IGUAL A _____.

4 GABRIEL E TALITA JUNTARAM ALGUMAS TAMPINHAS.

A. QUANTAS TAMPINHAS GABRIEL TEM? _____

B. QUANTAS TAMPINHAS TALITA TEM? _____

C. QUEM TEM MAIS TAMPINHAS? _____

D. QUANTAS TAMPINHAS UMA CRIANÇA TEM A MAIS QUE A OUTRA? _____

5 ANTÔNIA TEM 18 LENÇOS. ELA VAI GUARDAR 7 LENÇOS EM UMA CAIXA E O RESTANTE VAI PENDURAR NO ARMÁRIO. QUANTOS LENÇOS ELA VAI PENDURAR NO ARMÁRIO?

ANTÔNIA VAI PENDURAR _____ LENÇOS NO ARMÁRIO.

6 NO ESTACIONAMENTO DE UM *SHOPPING*, HÁ 29 VAGAS RESERVADAS PARA IDOSOS, E 14 DESSAS VAGAS JÁ ESTÃO OCUPADAS. QUANTAS VAGAS AINDA PODEM SER OCUPADAS ATÉ LOTAR O ESPAÇO RESERVADO PARA IDOSOS?

AINDA PODEM SER OCUPADAS _____ VAGAS.

- ALGUMAS VAGAS EM ESTACIONAMENTOS DEVEM SER RESERVADAS PARA OS IDOSOS. VOCÊ CONHECE OUTROS DIREITOS DOS IDOSOS? CONVERSE COM OS COLEGAS E O PROFESSOR.

7 OBSERVE A CENA A SEGUIR.

> QUALQUER BICHO DE PELÚCIA CUSTA 28 REAIS.

- COM BASE NA CENA ACIMA, LUCIANA COMEÇOU A ELABORAR UM PROBLEMA. AJUDE-A A TERMINAR ESSE PROBLEMA CRIANDO UMA PERGUNTA.

ANA LAURA TEM 17 REAIS PARA COMPRAR UM BICHO DE PELÚCIA.

_____

_____

MANEIRAS DE ADICIONAR E SUBTRAIR

1 VEJA NA TABELA A SEGUIR A PONTUAÇÃO DA EQUIPE VERMELHA EM DUAS RODADAS DE UM JOGO.

PONTUAÇÃO DA EQUIPE VERMELHA

1ª RODADA	2ª RODADA
16	9

DADOS OBTIDOS PELA EQUIPE.

PODEMOS CALCULAR O TOTAL DE PONTOS DA EQUIPE VERMELHA FAZENDO UMA ADIÇÃO. VEJA DUAS MANEIRAS E COMPLETE.

A. FALAR UM DOS NÚMEROS, POR EXEMPLO, O 16, E, COMO O OUTRO É O NÚMERO 9, CONTAR NOS DEDOS OS PRÓXIMOS 9 NÚMEROS.

... 17, 18, 19, 20, 21, 22, 23, 24, 25.

16 MAIS 9 É IGUAL A _____.

B. USAR A RETA NUMÉRICA.

NA RETA NUMÉRICA, OS NÚMEROS SÃO POSICIONADOS EM ORDEM CRESCENTE, NO SENTIDO INDICADO PELA SETA.

PARA CALCULAR O RESULTADO DE 16 + 9 NA RETA, PODEMOS SAIR DO NÚMERO 16 E CONTAR 9 UNIDADES NO SENTIDO INDICADO PELA SETA.

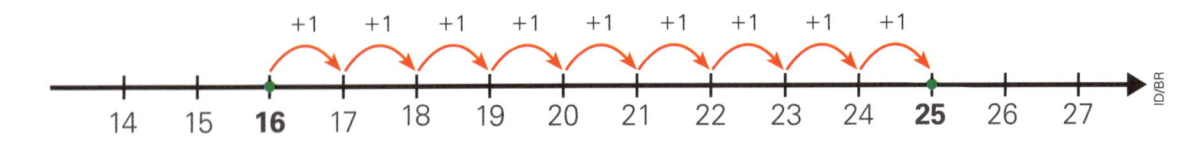

CHEGAMOS AO NÚMERO _____. ELE É O RESULTADO DE 16 + _____.

2 VEJA COMO ANDRESSA FEZ PARA CALCULAR O RESULTADO DA ADIÇÃO 13 + 21 E COMPLETE.

REPRESENTEI OS NÚMEROS 13 E 21 COM TRACINHOS.

FIZ GRUPOS DE 10 TRACINHOS, FICANDO COM _____ GRUPOS DE 10 TRACINHOS E _____ TRACINHOS SOLTOS.

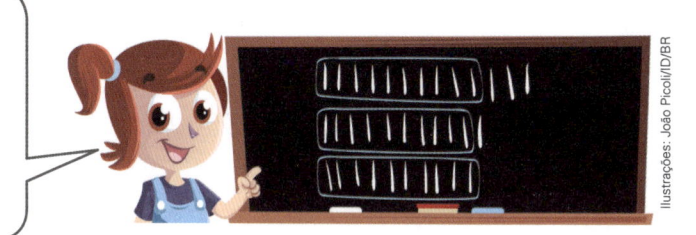

O RESULTADO DA ADIÇÃO 13 + 21 É IGUAL A _____.

3 OBSERVE COMO ÂNGELO CALCULOU O RESULTADO DE 22 − 7 E COMPLETE.

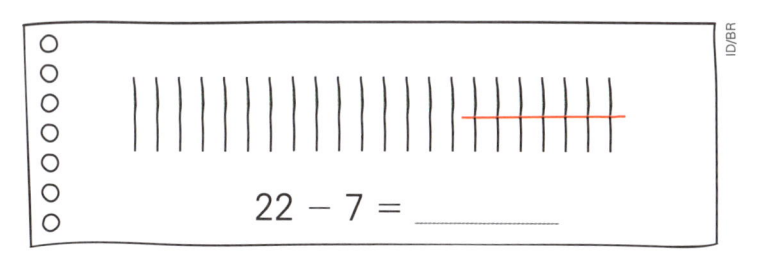

22 − 7 = _____

- AGORA, VAMOS CALCULAR 22 − 7 USANDO A RETA NUMÉRICA.

SAÍMOS DO NÚMERO 22 E CONTAMOS 7 UNIDADES NO SENTIDO CONTRÁRIO AO INDICADO PELA SETA DA RETA NUMÉRICA.

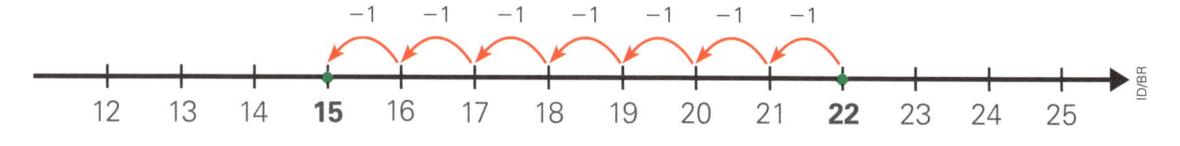

CHEGAMOS AO NÚMERO _____. ELE É O RESULTADO DE 22 − _____.

4 REPRESENTE 27 + 12 NA RETA NUMÉRICA A SEGUIR E COMPLETE A ADIÇÃO.

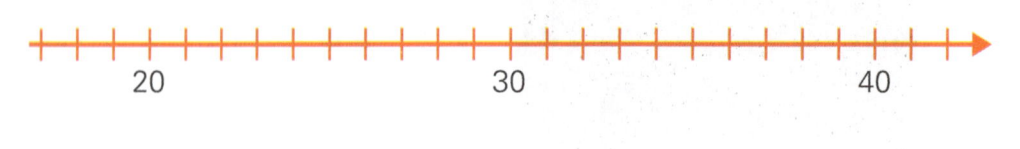

27 + 12 = _____

5 REPRESENTE 32 − 15 NA RETA NUMÉRICA A SEGUIR E COMPLETE A SUBTRAÇÃO.

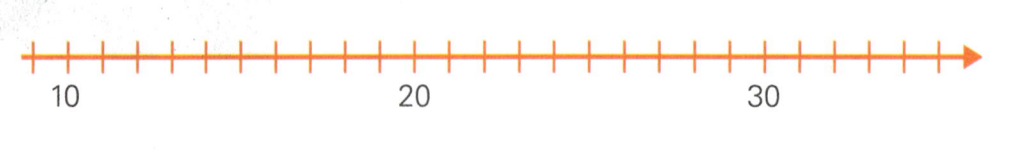

32 − 15 = _____

6 VEJA COMO FAZER A ADIÇÃO 36 + 23 USANDO O MATERIAL DOURADO E COMPLETE.

| REPRESENTAMOS O NÚMERO 36. TEMOS _____ DEZENAS E _____ UNIDADES. | REPRESENTAMOS O NÚMERO 23. TEMOS _____ DEZENAS E _____ UNIDADES. | JUNTAMOS AS PEÇAS E OBTEMOS _____ DEZENAS E _____ UNIDADES. ENTÃO, 36 + 23 = _____. |

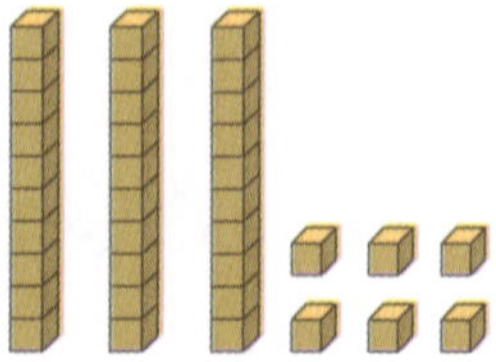

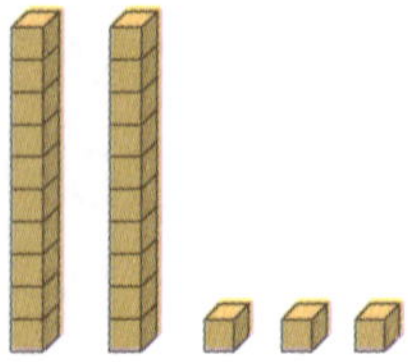

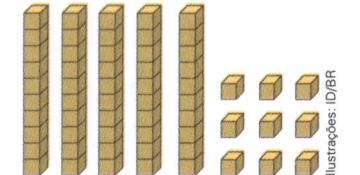

- AGORA É A SUA VEZ! USANDO AS PEÇAS DO MATERIAL DOURADO DO MATERIAL COMPLEMENTAR, CALCULE O RESULTADO DAS ADIÇÕES ABAIXO.

A. 36 + 13 = _____   **B.** 34 + 51 = _____

7 VEJA COMO FAZER A SUBTRAÇÃO 58 − 32 USANDO O MATERIAL DOURADO E COMPLETE.

REPRESENTAMOS O MAIOR NÚMERO, NO CASO O 58. TEMOS _____ DEZENAS E _____ UNIDADES.

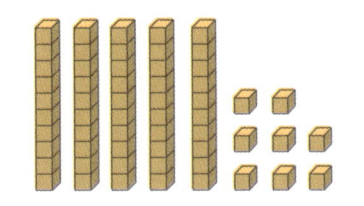

O NÚMERO 32 TEM _____ DEZENAS E _____ UNIDADES. RETIRAMOS 32 DE 58.

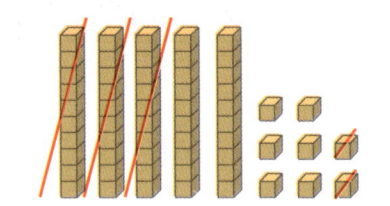

RESTAM _____ DEZENAS E _____ UNIDADES. ENTÃO, 58 − 32 = _____.

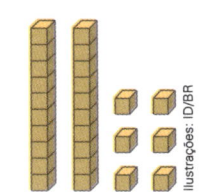

- AGORA É A SUA VEZ! USANDO AS PEÇAS DO MATERIAL DOURADO DO MATERIAL COMPLEMENTAR, CALCULE O RESULTADO DAS SUBTRAÇÕES ABAIXO.

   A. 67 − 44 = _____

   B. 27 − 11 = _____

8 RESOLVA O PROBLEMA A SEGUIR DA MANEIRA QUE PREFERIR.

JULIANO TINHA 36 REAIS. DESSE DINHEIRO, ELE SEPAROU UMA QUANTIA PARA EMPRESTAR AO SEU IRMÃO, FICANDO COM 14 REAIS. QUANTOS REAIS JULIANO EMPRESTOU PARA O SEU IRMÃO?

JULIANO EMPRESTOU _____ REAIS PARA O SEU IRMÃO.

ADIÇÃO DE TRÊS NÚMEROS

1 VEJA TRÊS MANEIRAS DE CALCULAR O RESULTADO DA ADIÇÃO DE 4 + 3 + 2 E COMPLETE QUANDO NECESSÁRIO.

A. USANDO PAPEL QUADRICULADO.

PODEMOS PINTAR COM CORES DIFERENTES A QUANTIDADE DE QUADRADINHOS QUE REPRESENTA CADA NÚMERO.

DEPOIS, É SÓ CONTAR O TOTAL DE QUADRADINHOS PINTADOS. ASSIM, 4 + 3 + 2 = _____.

B. USANDO A RETA NUMÉRICA.

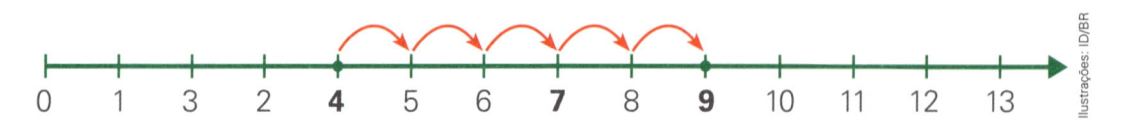

SAINDO DO NÚMERO 4, CONTAMOS 3 UNIDADES NO SENTIDO DA SETA DA RETA NUMÉRICA E CHEGAMOS AO NÚMERO _____. DAÍ, CONTAMOS MAIS _____ UNIDADES E CHEGAMOS AO NÚMERO _____ COMO RESULTADO FINAL.

C. CALCULANDO PRIMEIRO O RESULTADO DA ADIÇÃO DE DOIS NÚMEROS E, DEPOIS, ADICIONANDO O OUTRO NÚMERO AO RESULTADO OBTIDO.

4 + 3 + 2 =   OU   4 + 3 + 2 =   OU   4 + 3 + 2 =
= ____ + 2 = ____   = 4 + ____ = ____   = ____ + 3 = ____

D. DE QUAL DESSES MODOS VOCÊ MAIS GOSTOU? CONVERSE COM OS COLEGAS E O PROFESSOR SOBRE AS MANEIRAS APRESENTADAS.

2 ANA, RUI E CAIO BRINCARAM DE PESCARIA. REGISTRE NOS QUADRINHOS A QUANTIDADE DE PEIXES QUE CADA UM PESCOU.

- AGORA, CALCULE DA MANEIRA QUE PREFERIR A QUANTIDADE DE PEIXES QUE OS TRÊS PESCARAM AO TODO.

AO TODO, ANA, RUI E CAIO PESCARAM _____ PEIXES.

3 NO **JOGO DA ADIÇÃO** QUE JÚLIO E ANA ESTÃO JOGANDO, VENCE A RODADA QUEM CONSEGUIR A MAIOR PONTUAÇÃO COM AS TRÊS CARTAS SORTEADAS. OBSERVE AO LADO AS CARTAS QUE ELES SORTEARAM NESTA RODADA.

JÚLIO		
10	2	6

ANA		
1	6	12

A. ESCREVA UMA ADIÇÃO PARA CALCULAR A PONTUAÇÃO DE CADA UM.

- PONTUAÇÃO DE JÚLIO: _____

- PONTUAÇÃO DE ANA: _____

B. QUEM VENCEU A RODADA? _____

NA ATIVIDADE "SOMA 10", VOCÊ VAI PRATICAR A ADIÇÃO COM TRÊS NÚMEROS. MAS ATENÇÃO: O RESULTADO DAS ADIÇÕES DE CADA LINHA DO TRIÂNGULO DEVE SER SEMPRE IGUAL A 10.
DISPONÍVEL EM: <http://www.cercifaf.org.pt/mosaico.edu/ca/tsoma10.html>.
ACESSO EM: 7 NOV. 2017.

TRATAMENTO DA INFORMAÇÃO

INTERPRETAR GRÁFICOS DE BARRAS

1 A EQUIPE DE PEDRO PARTICIPOU DE UMA CORRIDA DE BICICLETAS. O GRÁFICO ABAIXO MOSTRA A PONTUAÇÃO DAS 5 EQUIPES QUE PARTICIPARAM DESSA CORRIDA.

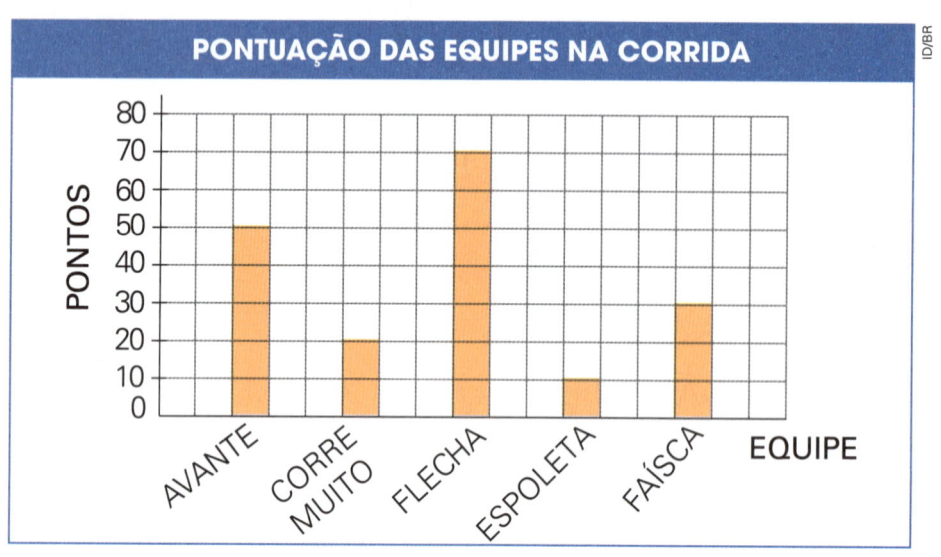

PONTUAÇÃO DAS EQUIPES NA CORRIDA

- AVANTE: 50
- CORRE MUITO: 20
- FLECHA: 70
- ESPOLETA: 10
- FAÍSCA: 30

DADOS OBTIDOS POR PEDRO.

A. CADA QUADRADINHO PINTADO NO GRÁFICO CORRESPONDE A QUANTOS PONTOS? _____

B. QUAL EQUIPE FEZ MAIS PONTOS? QUANTOS PONTOS ESSA EQUIPE FEZ? _____

C. QUAL EQUIPE FEZ MENOS PONTOS? QUANTOS PONTOS ESSA EQUIPE FEZ? _____

D. ESCREVA O NOME DAS EQUIPES NA ORDEM DECRESCENTE DA PONTUAÇÃO. _____

E. A EQUIPE QUE FICOU EM PENÚLTIMO LUGAR FEZ QUANTOS PONTOS A MENOS QUE A EQUIPE QUE FICOU EM 2º LUGAR?

2 A PROFESSORA TALITA FEZ UMA PESQUISA COM AS TURMAS DO 2º ANO SOBRE O PASSEIO FAVORITO DOS ALUNOS. ELA REGISTROU O RESULTADO DESSA PESQUISA EM UM GRÁFICO.

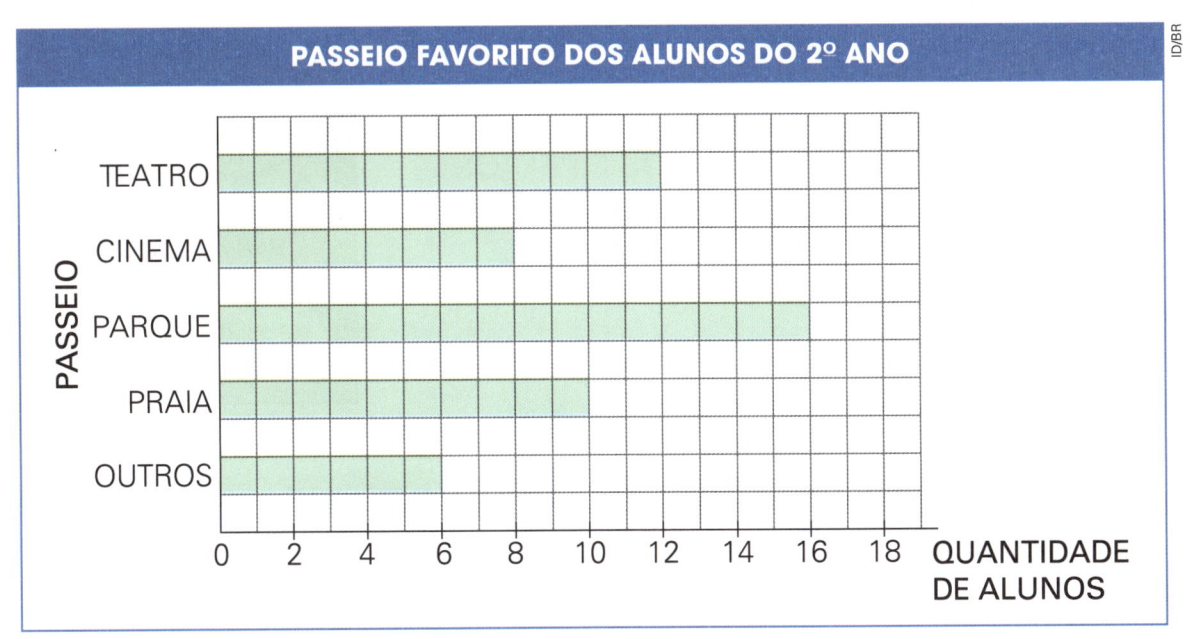

PASSEIO FAVORITO DOS ALUNOS DO 2º ANO

DADOS OBTIDOS PELA PROFESSORA TALITA.

NA CATEGORIA "OUTROS", FORAM REPRESENTADOS TODOS OS VOTOS OBTIDOS PARA PASSEIOS DIFERENTES DE TEATRO, CINEMA, PARQUE E PRAIA.

A. CADA QUADRINHO PINTADO NO GRÁFICO REPRESENTA QUANTOS VOTOS? _____

B. SABENDO QUE CADA ALUNO VOTOU UMA ÚNICA VEZ, QUANTOS ALUNOS RESPONDERAM À PESQUISA? _____

C. QUANTOS VOTOS O CINEMA RECEBEU A MENOS QUE O TEATRO? _____

D. O VOTO DO ALUNO QUE ESCOLHEU CLUBE COMO PASSEIO FAVORITO ESTÁ REPRESENTADO EM QUE COLUNA DO GRÁFICO? _____

JOGO

JOGO DA TARTARUGA

MATERIAL

- TABULEIRO DA PÁGINA 229.
- 2 DADOS.
- 26 MARCADORES, 13 DE CADA TIPO, QUE PODEM SER FEIJÕES BRANCOS E PRETOS OU TAMPINHAS COLORIDAS.

NÚMERO DE PARTICIPANTES

- 2 EQUIPES COM 4 JOGADORES.

OBJETIVO

- PREENCHER O TABULEIRO ANTES DA OUTRA EQUIPE.

REGRAS

1. CADA EQUIPE DEVE USAR UM TABULEIRO E 13 MARCADORES DO MESMO TIPO. AS EQUIPES JOGAM ALTERNADAMENTE.

2. UM JOGADOR DE CADA EQUIPE, NA SUA VEZ, LANÇA OS DADOS E ESCOLHE SE FAZ UMA ADIÇÃO OU UMA SUBTRAÇÃO COM OS PONTOS OBTIDOS. DEPOIS, COMUNICA ESSE RESULTADO À OUTRA EQUIPE.

3. EM SEGUIDA, COLOCA UM DE SEUS MARCADORES NO PRÓPRIO TABULEIRO, NO NÚMERO QUE REPRESENTA O RESULTADO OBTIDO.

4. SE ESSE RESULTADO JÁ ESTIVER COBERTO POR UM MARCADOR, A EQUIPE PASSA A VEZ DE JOGAR.

5. SE UMA DAS DUAS EQUIPES COMETER UM ERRO NO CÁLCULO DE ALGUM RESULTADO E A OUTRA EQUIPE APONTAR O ENGANO ANTES DE REALIZAR A PRÓPRIA JOGADA, ESTA TERÁ O DIREITO DE RETIRAR UM MARCADOR QUALQUER DO TABULEIRO DA OUTRA EQUIPE.

6. GANHA A EQUIPE QUE PREENCHER O TABULEIRO PRIMEIRO.

INFORMAÇÕES OBTIDAS EM: JÚLIA BORIN. *JOGOS E RESOLUÇÃO DE PROBLEMAS*. SÃO PAULO: CAEM-IME/USP, 1995.

DEPOIS DO JOGO

1 COMPLETE OS QUADROS ESCREVENDO AS ADIÇÕES OU AS SUBTRAÇÕES QUE PODEM SER FEITAS PARA OBTER TODOS OS RESULTADOS DO TABULEIRO.

0	1	2	3	4	5	6

7	8	9	10	11	12

2 CONVERSE COM OS COLEGAS E O PROFESSOR SOBRE ESTAS QUESTÕES.

A. É POSSÍVEL FORMAR TODOS OS RESULTADOS DO TABULEIRO COM UMA SUBTRAÇÃO? POR QUÊ?

B. É POSSÍVEL OBTER OS RESULTADOS 0 E 1 DO TABULEIRO COM UMA ADIÇÃO? POR QUÊ?

C. SUA EQUIPE ESTÁ JOGANDO UMA PARTIDA DO JOGO DA TARTARUGA. SE A OUTRA EQUIPE ERRASSE UM CÁLCULO E VOCÊ TIVESSE DE DECIDIR QUAL MARCADOR RETIRAR DO TABULEIRO ADVERSÁRIO, QUAL SERIA? POR QUÊ?

APRENDER SEMPRE

1 OBSERVE A QUANTIDADE DE CRIANÇAS NA CENA ABAIXO. DEPOIS, COMPLETE O PROBLEMA E ESCREVA UMA PERGUNTA PARA ELE.

NO PARQUE, _____ CRIANÇAS ESTAVAM BRINCANDO QUANDO OUTRAS _____ CRIANÇAS CHEGARAM PARA ENTRAR NA BRINCADEIRA.

_____

_____

2 PINTE A OPERAÇÃO CORRETA PARA RESOLVER O PROBLEMA.

ANDRÉA TEM 35 MAÇÃS E 23 BANANAS. QUANTAS MAÇÃS ELA TEM A MAIS QUE BANANAS?

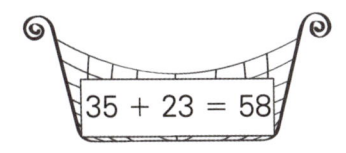

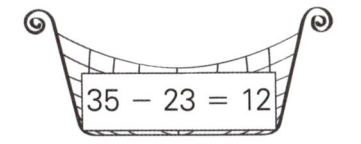

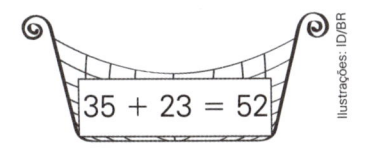

35 + 23 = 58   35 − 23 = 12   35 + 23 = 52

- QUE OUTROS ALIMENTOS ALÉM DE FRUTAS DEVEMOS TER NA NOSSA ALIMENTAÇÃO PARA QUE ELA SEJA SAUDÁVEL? CONVERSE COM OS COLEGAS E O PROFESSOR.

3 JULIANA PERGUNTOU A SEUS COLEGAS QUAL ESPORTE ELES PREFEREM ENTRE BASQUETE E FUTEBOL. ELA ANOTOU OS RESULTADOS EM UMA TABELA. OBSERVE.

PREFERÊNCIA ENTRE BASQUETE E FUTEBOL

ESPORTE	MENINAS	MENINOS
BASQUETE	26	13
FUTEBOL	16	12

DADOS OBTIDOS POR JULIANA.

- CONTANDO OS MENINOS E AS MENINAS, QUANTOS COLEGAS DE JULIANA PREFEREM BASQUETE? E QUANTOS PREFEREM FUTEBOL?

_____ COLEGAS PREFEREM BASQUETE E _____ PREFEREM FUTEBOL.

CAPÍTULO 3

GEOMETRIA

VÍVIAN FOI VISITAR UM PARQUE EM UMA EXCURSÃO DA ESCOLA.

- QUE OBJETOS DA CENA LEMBRAM FIGURAS GEOMÉTRICAS?
- VOCÊ JÁ PARTICIPOU DE ALGUMA EXCURSÃO COM OS COLEGAS E O PROFESSOR? AONDE VOCÊS FORAM E O QUE VOCÊS FIZERAM?

DIFERENTES FORMAS

1 OBSERVE OS OBJETOS A SEGUIR.

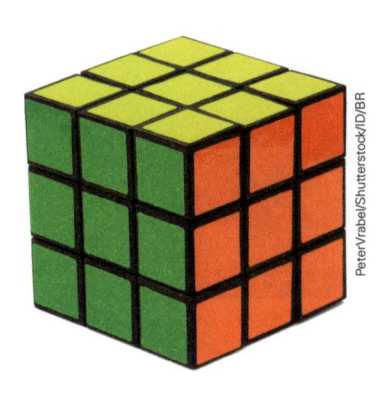

IMAGENS SEM PROPORÇÃO DE TAMANHO ENTRE SI.

- VOCÊ REPAROU QUE OS OBJETOS TÊM FORMAS DIFERENTES? COMO VOCÊ SEPARARIA OS OBJETOS ACIMA EM DOIS GRUPOS DIFERENTES?

SESSENTA E CINCO

ARREDONDADO OU NÃO ARREDONDADO?

1 VEJA OS OBJETOS QUE O PROFESSOR EXPÔS AOS ALUNOS.

IMAGENS SEM PROPORÇÃO DE TAMANHO ENTRE SI.

OBSERVE QUE ALGUNS OBJETOS TÊM FORMAS ARREDONDADAS E OUTROS TÊM FORMAS NÃO ARREDONDADAS. AGORA, VEJA COMO CLÁUDIA E PEDRO REPRESENTARAM COM MASSA DE MODELAR DOIS DESSES OBJETOS.

A. CONTORNE O OBJETO QUE CLÁUDIA REPRESENTOU E FAÇA UM **X** NO OBJETO REPRESENTADO POR PEDRO.

B. QUAL DAS CRIANÇAS REPRESENTOU UM OBJETO QUE TEM FORMA ARREDONDADA? _____

2 CONTORNE DE AZUL OS OBJETOS QUE TÊM FORMA ARREDONDADA E DE VERMELHO OS OBJETOS QUE TÊM FORMA NÃO ARREDONDADA.

IMAGENS SEM PROPORÇÃO DE TAMANHO ENTRE SI.

3 LUIZ E CÁTIA CONSTRUÍRAM UM CASTELO CADA UM COM BLOCOS COLORIDOS. LUIZ USOU BLOCOS COM FORMA ARREDONDADA E CÁTIA USOU BLOCOS COM FORMA NÃO ARREDONDADA. LIGUE CADA CRIANÇA À SUA CONSTRUÇÃO.

CÁTIA

LUIZ

SESSENTA E SETE

FIGURAS PLANAS OU NÃO PLANAS?

1 OBSERVE AS CENAS A SEGUIR.

NO DIA A DIA, PODEMOS OBSERVAR QUE ALGUNS OBJETOS LEMBRAM FIGURAS GEOMÉTRICAS PLANAS E OUTROS LEMBRAM FIGURAS GEOMÉTRICAS NÃO PLANAS.

FIGURAS GEOMÉTRICAS PLANAS

FIGURAS GEOMÉTRICAS NÃO PLANAS

- QUAIS DOS OBJETOS DAS CENAS ACIMA LEMBRAM FIGURAS GEOMÉTRICAS PLANAS? QUAIS DELES LEMBRAM FIGURAS GEOMÉTRICAS NÃO PLANAS? CONVERSE COM OS COLEGAS E O PROFESSOR.

2 MARQUE COM UM **X** AS FIGURAS GEOMÉTRICAS NÃO PLANAS.

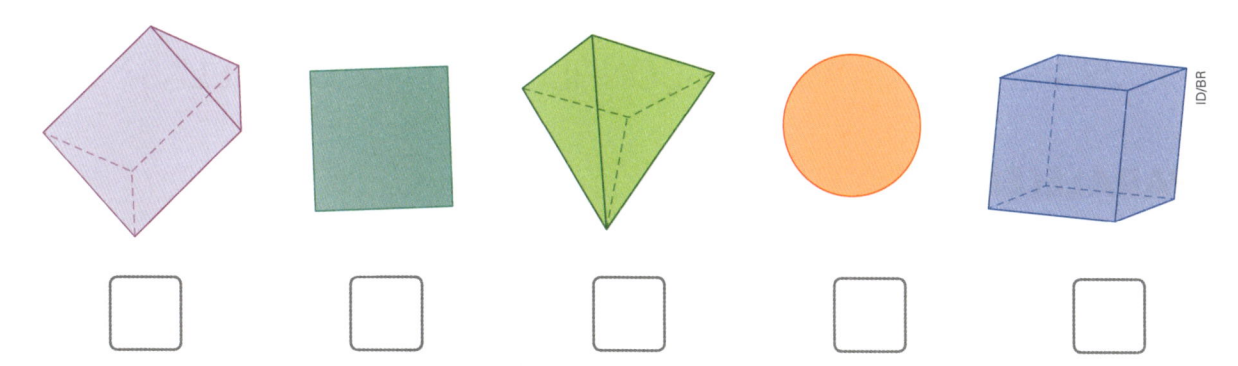

3 LARISSA ESTAVA BRINCANDO DE CARIMBAR FIGURAS. ELA PASSOU TINTA EM UMA PARTE DE CADA UM DE SEUS BRINQUEDOS E CARIMBOU EM UM PAPEL.

A. OBSERVE OS BRINQUEDOS QUE ELA USOU E AS FIGURAS QUE ELA CARIMBOU E LIGUE CADA BRINQUEDO À FIGURA QUE FOI CARIMBADA COM ELE.

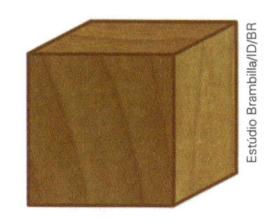

B. OS BRINQUEDOS LEMBRAM FIGURAS GEOMÉTRICAS PLANAS OU NÃO PLANAS? E AS FIGURAS CARIMBADAS?

ALGUMAS FIGURAS NÃO PLANAS

ALGUMAS FIGURAS GEOMÉTRICAS NÃO PLANAS RECEBEM NOMES ESPECIAIS. VAMOS CONHECER ALGUMAS DELAS?

PARALELEPÍPEDO E CUBO

1 OBSERVE O BLOCO DE MADEIRA A SEGUIR.

O BLOCO DE MADEIRA LEMBRA UM PARALELEPÍPEDO.

A. AGORA VOCÊ VAI MONTAR UM MODELO DE PARALELEPÍPEDO. DESTAQUE O MOLDE DA PÁGINA 227, DOBRE-O CONFORME AS INDICAÇÕES E USE COLA PARA FECHÁ-LO.

B. OBSERVANDO O MODELO DE PARALELEPÍPEDO QUE VOCÊ CONSTRUIU, RESPONDA: QUAIS DOS OBJETOS ABAIXO LEMBRAM UM PARALELEPÍPEDO? CONTORNE ESSES OBJETOS.

IMAGENS SEM PROPORÇÃO DE TAMANHO ENTRE SI.

2 OBSERVE O DADO A SEGUIR.

O DADO LEMBRA UM CUBO.

A. AGORA VOCÊ VAI MONTAR UM MODELO DE CUBO. DESTAQUE O MOLDE DA PÁGINA 225, DOBRE-O CONFORME AS INDICAÇÕES E USE COLA PARA FECHÁ-LO.

B. OBSERVANDO O MODELO DE CUBO QUE VOCÊ MONTOU, RESPONDA: DOS OBJETOS QUE VOCÊ USA NO DIA A DIA, QUAIS LEMBRAM UM CUBO?

> VOCÊ PODE OBSERVAR UM CUBO DE VÁRIAS MANEIRAS ACESSANDO O *LINK* INDICADO.
> DISPONÍVEL EM: <https://www.geogebra.org/m/WwCwV978>.
> ACESSO EM: 2 NOV. 2017.

3 OBSERVE AS FIGURAS GEOMÉTRICAS A SEGUIR E RESPONDA ÀS QUESTÕES.

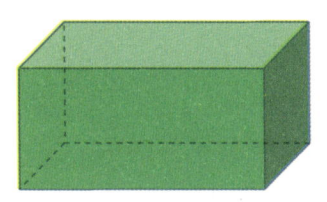

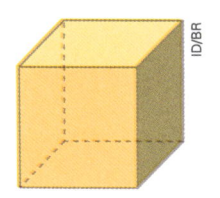

A. O QUE ESSAS FIGURAS TÊM DE PARECIDO?

B. O QUE ESSAS FIGURAS TÊM DE DIFERENTE?

PIRÂMIDE

4 OBSERVE A VELA ABAIXO.

A VELA LEMBRA UMA PIRÂMIDE.

A. AGORA VOCÊ VAI MONTAR UM MODELO DE PIRÂMIDE. DESTAQUE O MOLDE DA PÁGINA 223, DOBRE-O CONFORME AS INDICAÇÕES E USE COLA PARA FECHÁ-LO.

B. OBSERVANDO O MODELO DE PIRÂMIDE QUE VOCÊ MONTOU, PESQUISE EM JORNAIS, REVISTAS OU NA INTERNET CONSTRUÇÕES OU OBJETOS QUE LEMBRAM UMA PIRÂMIDE. DEPOIS, MOSTRE-OS AOS COLEGAS E AO PROFESSOR.

5 PINTE AS PIRÂMIDES DE VERDE E OS CUBOS DE AZUL.

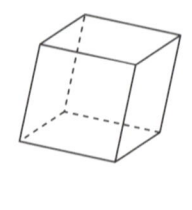

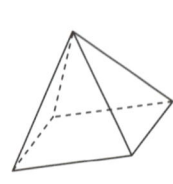

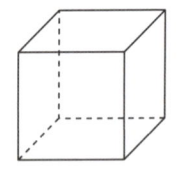

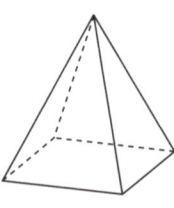

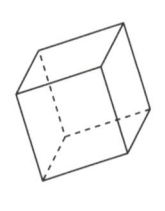

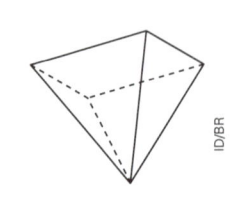

VOCÊ PODE OBSERVAR UMA PIRÂMIDE DE VÁRIAS MANEIRAS ACESSANDO O *LINK* INDICADO.
DISPONÍVEL EM: <https://www.geogebra.org/m/ccnqbdu3>.
ACESSO EM: 2 NOV. 2017.

CONE, CILINDRO E ESFERA

6 OBSERVE OS OBJETOS A SEGUIR.

IMAGENS SEM PROPORÇÃO DE TAMANHO ENTRE SI.

O CHAPÉU DE FESTA LEMBRA UM CONE.

A PILHA LEMBRA UM CILINDRO.

A BOLA DE FUTEBOL LEMBRA UMA ESFERA.

DOS OBJETOS QUE VOCÊ VÊ EM CASA, NA ESCOLA OU NA RUA, QUAIS SE PARECEM COM:

A. O CONE? _____

B. O CILINDRO? _____

C. A ESFERA? _____

VAMOS RESOLVER!

1 RECORTE, DE JORNAIS OU REVISTAS, IMAGENS DE OBJETOS QUE TÊM FORMA ARREDONDADA E QUE TÊM FORMA NÃO ARREDONDADA E COLE ESSAS IMAGENS NO ESPAÇO ABAIXO.

AGORA, REGISTRE QUANTAS DAS IMAGENS QUE VOCÊ COLOU TÊM:

A. FORMA ARREDONDADA.　　**B.** FORMA NÃO ARREDONDADA.

2 EM CADA CASO, DESCUBRA QUAL É O INTRUSO E CONTORNE-O.

A.

B.

C.

D.

3 ESCREVA O NOME DA FIGURA GEOMÉTRICA COM QUE CADA OBJETO ABAIXO SE PARECE.

_____   _____   _____

_____   _____   _____

SETENTA E CINCO 75

ALGUMAS FIGURAS PLANAS

ASSIM COMO ACONTECE COM AS FIGURAS GEOMÉTRICAS NÃO PLANAS, EXISTEM FIGURAS GEOMÉTRICAS PLANAS QUE RECEBEM NOMES ESPECIAIS. VAMOS CONHECER ALGUMAS?

RETÂNGULO E QUADRADO

1 NA ATIVIDADE **1** DA PÁGINA 70, VOCÊ MONTOU UM MODELO DE PARALELEPÍPEDO. AGORA, VOCÊ DEVE DESMONTÁ-LO, SEPARANDO SUAS PARTES, COMO MOSTRADO A SEGUIR.

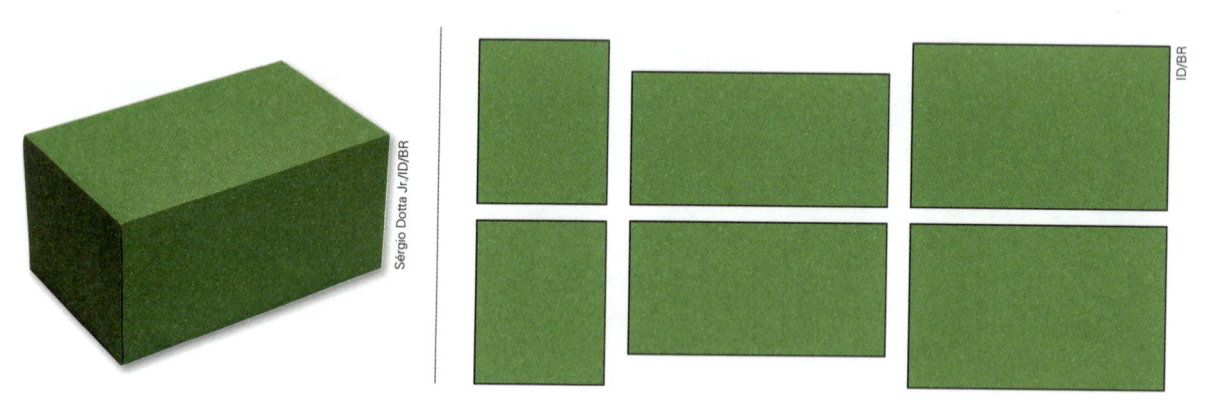

A. QUANTAS PARTES DO MODELO VOCÊ OBTEVE? _____

B. TODAS AS PARTES SÃO IGUAIS? _____

C. COLE UMA DAS PARTES NO ESPAÇO ABAIXO.

A PARTE QUE VOCÊ COLOU E TODAS AS OUTRAS LEMBRAM UMA FIGURA GEOMÉTRICA CHAMADA **RETÂNGULO**.

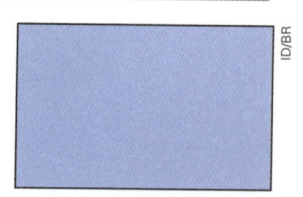

2 PARA REPRESENTAR AS PARTES DE UM MODELO DE CUBO, PABLO CONTORNOU CADA UMA DESSAS PARTES NA CARTOLINA E DEPOIS AS RECORTOU. OBSERVE.

USANDO O MODELO DE CUBO QUE VOCÊ MONTOU NA PÁGINA 71, FAÇA COMO PABLO E RESPONDA ÀS QUESTÕES.

A. QUANTAS PARTES DO MODELO VOCÊ OBTEVE? _____

B. TODAS AS PARTES TÊM A MESMA FORMA? _____

C. COLE UMA DAS PARTES NO ESPAÇO ABAIXO.

A PARTE QUE VOCÊ COLOU E TODAS AS OUTRAS LEMBRAM UMA FIGURA GEOMÉTRICA CHAMADA **QUADRADO**.

SETENTA E SETE 77

TRIÂNGULO

3 LUANA PINTOU UMA DAS PARTES DE UM MODELO DE PIRÂMIDE E DEPOIS CARIMBOU EM UMA FOLHA DE PAPEL. OBSERVE E COMPLETE.

EM SEGUIDA, ELA FEZ ISSO COM TODAS AS OUTRAS PARTES DO MODELO DE PIRÂMIDE, OBTENDO AS SEGUINTES FIGURAS:

COM ESSE MODELO DE PIRÂMIDE, LUANA OBTEVE UMA FIGURA QUE LEMBRA UM _____ E QUATRO FIGURAS QUE LEMBRAM UMA FIGURA GEOMÉTRICA CHAMADA **TRIÂNGULO**.

4 OBSERVE AS FIGURAS GEOMÉTRICAS REPRESENTADAS A SEGUIR E CONTORNE APENAS OS TRIÂNGULOS.

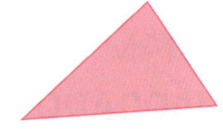

CÍRCULO

5 CARLOS PEGOU UM MODELO DE CONE, PINTOU UMA DAS PARTES COM TINTA E DEPOIS CARIMBOU EM UMA FOLHA DE PAPEL. OBSERVE.

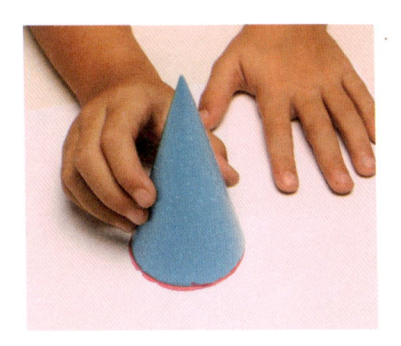

A FIGURA CARIMBADA NO PAPEL LEMBRA UM **CÍRCULO**.

- QUE OBJETOS VOCÊ CONHECE QUE LEMBRAM UM CÍRCULO? CONVERSE COM OS COLEGAS E O PROFESSOR.

6 PARA DESENHAR UM CÍRCULO, VOCÊ PODE COLOCAR UMA MOEDA SOBRE UMA FOLHA DE PAPEL, CONTORNÁ-LA COM UM LÁPIS E, DEPOIS, PINTAR O DESENHO.

AGORA, O ARTISTA É VOCÊ! USE MOEDAS DE DIFERENTES TAMANHOS PARA CRIAR UM DESENHO SÓ COM CÍRCULOS. NO FINAL, DÊ UM TÍTULO À SUA OBRA.

FIGURAS NA MALHA PONTILHADA

1 DÉBORA DESENHOU ALGUMAS FIGURAS PLANAS NA MALHA PONTILHADA. OBSERVE.

AGORA, COMPLETE A FRASE COM A QUANTIDADE DE CADA FIGURA QUE DÉBORA DESENHOU.

DÉBORA DESENHOU _____ TRIÂNGULOS, _____ QUADRADOS E _____ RETÂNGULOS NA MALHA PONTILHADA.

2 OBSERVE E COPIE OS DESENHOS NA MALHA PONTILHADA, SEGUINDO A POSIÇÃO DOS TRAÇOS. DEPOIS, ESCREVA O NOME DA FIGURA QUE VOCÊ DESENHOU.

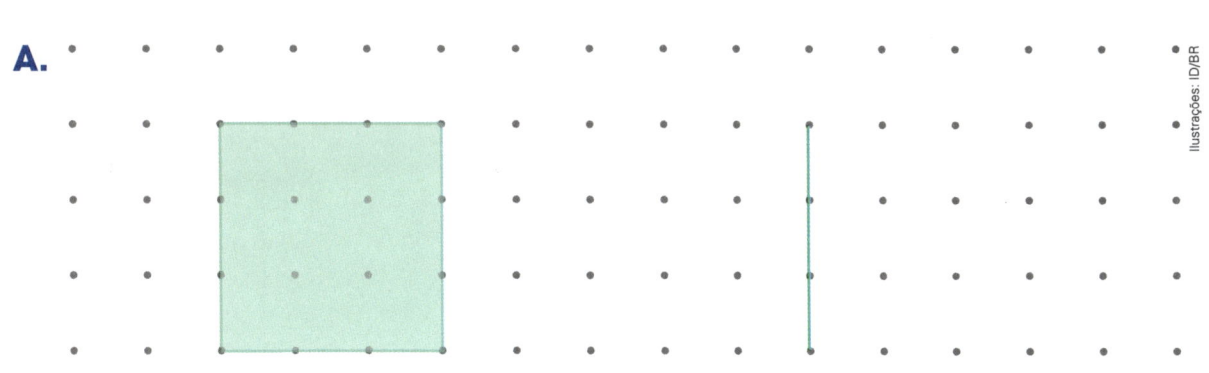

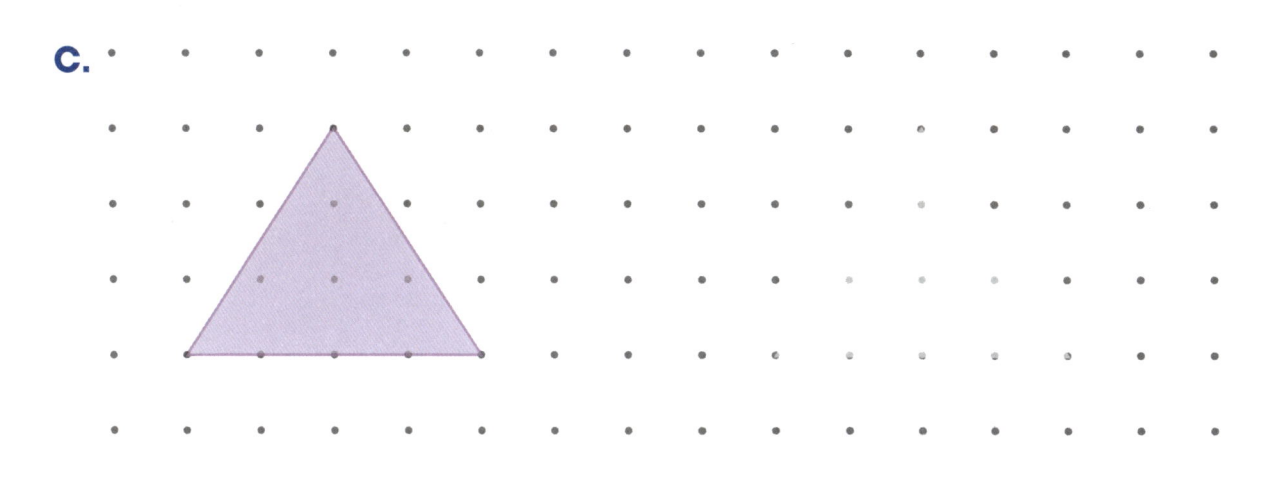

A.

B.

C.

VAMOS RESOLVER!

1 NAS FIGURAS ABAIXO, PINTE OS RETÂNGULOS DE AZUL, OS TRIÂNGULOS DE MARROM E OS CÍRCULOS DE VERDE.

2 AO ANDAR PELA RUA, É COMUM ENCONTRARMOS PLACAS DE TRÂNSITO QUE AUXILIAM NA SINALIZAÇÃO. ESCREVA O NOME DA FIGURA GEOMÉTRICA COM QUE CADA PLACA ABAIXO SE PARECE.

A.

B.

C.

- AGORA, PESQUISE O SIGNIFICADO DE CADA UMA DESSAS PLACAS E ANOTE NO CADERNO.

IMAGENS SEM PROPORÇÃO DE TAMANHO ENTRE SI.

3 MARIA DESMONTOU UM MODELO DE PARALELEPÍPEDO E RECORTOU TODAS AS SUAS PARTES. CONTORNE AS PARTES QUE ELA RECORTOU.

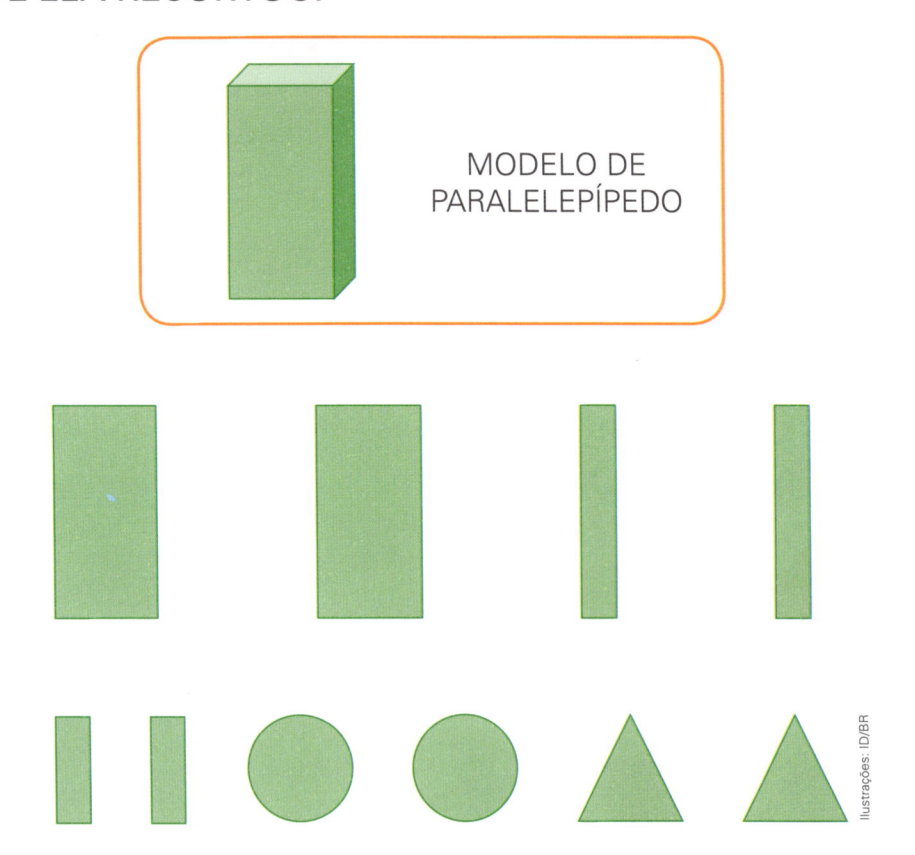

MODELO DE PARALELEPÍPEDO

- AS PARTES QUE VOCÊ CONTORNOU LEMBRAM QUAL FIGURA GEOMÉTRICA? _____

4 OBSERVE AS FIGURAS ABAIXO.

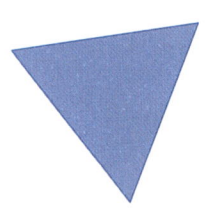

- O QUE ESSAS FIGURAS TÊM DE PARECIDO? E O QUE ELAS TÊM DE DIFERENTE? CONVERSE COM OS COLEGAS E O PROFESSOR.

PADRÕES

1 OBSERVE AS FIGURAS ABAIXO.

- DE ACORDO COM O PADRÃO DA SEQUÊNCIA ACIMA, QUAL É A PRÓXIMA FIGURA DESSA SEQUÊNCIA? E QUAL É A FIGURA DEPOIS DESSA? _____

_____

2 CONTINUE PINTANDO AS SEQUÊNCIAS DE ACORDO COM O PADRÃO DE CADA UMA DELAS.

A.

B.

C.

3 PEDRO COMEÇOU A PINTAR UMA MALHA QUADRICULADA. CONTINUE A PINTAR A MALHA SEGUINDO O PADRÃO.

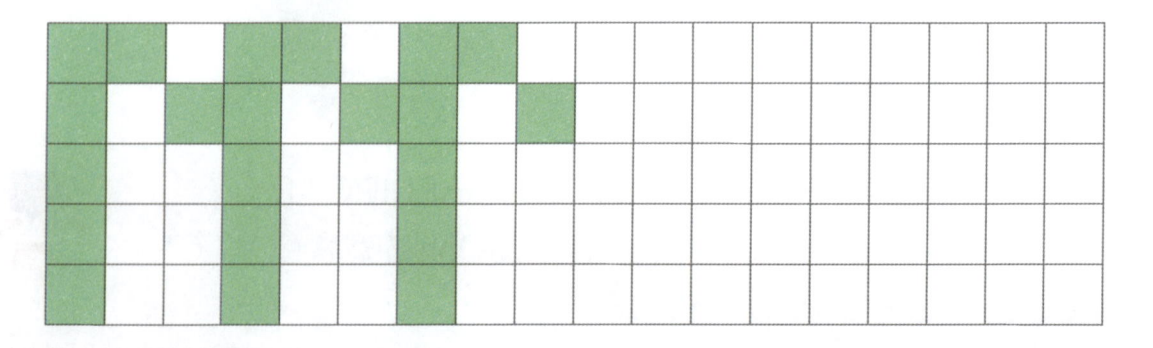

4 AGORA É A SUA VEZ DE CRIAR PADRÕES! FAÇA O QUE SE PEDE A SEGUIR.

A. ESCOLHA DUAS CORES E PINTE A MALHA QUADRICULADA ABAIXO SEGUINDO UM PADRÃO.

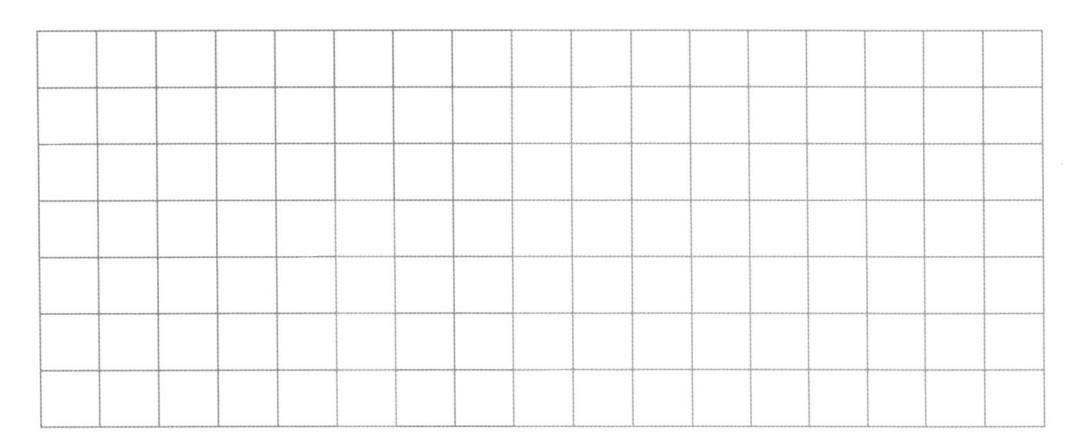

B. DESTAQUE AS FIGURAS DA PÁGINA 221. ESCOLHA ALGUMAS E COLE-AS NO ESPAÇO A SEGUIR FORMANDO UM PADRÃO.

C. COMPARE OS PADRÕES QUE VOCÊ FEZ NOS ITENS **A** E **B** COM OS DE UM COLEGA. VOCÊS CRIARAM PADRÕES IGUAIS?

NO JOGO "SEQUÊNCIA", VOCÊ VAI OBSERVAR OS PADRÕES PARA DESCOBRIR QUAL É A PRÓXIMA FIGURA DE UMA SEQUÊNCIA.
DISPONÍVEL EM: <http://mdmat.mat.ufrgs.br/anos_iniciais/objetos/sequencias_formas.htm>. ACESSO EM: 2 NOV. 2017.

TRATAMENTO DA INFORMAÇÃO

TRANSPOR DADOS DE TABELA PARA GRÁFICO

1 OS FUNCIONÁRIOS DE UMA LOJA ANOTARAM EM UMA TABELA A QUANTIDADE DE BRINQUEDOS VENDIDOS EM UM DIA. VEJA.

BRINQUEDOS VENDIDOS EM UM DIA

TIPO DE BRINQUEDO	CARRINHO	PIÃO	JOGO	BICICLETA	BONECA	BOLA
QUANTIDADE VENDIDA	8	11	5	1	7	10

DADOS FORNECIDOS PELOS FUNCIONÁRIOS.

- COMPLETE O GRÁFICO DE ACORDO COM OS DADOS DA TABELA. PARA ISSO, PINTE AS BARRAS DO GRÁFICO. ATENÇÃO: CADA QUADRADINHO PINTADO NO GRÁFICO INDICA UM BRINQUEDO VENDIDO. OBSERVE O EXEMPLO.

DADOS FORNECIDOS PELOS FUNCIONÁRIOS.

2 RESPONDA ÀS QUESTÕES COM BASE NOS DADOS DA ATIVIDADE 1.

A. QUAL BRINQUEDO FOI O MAIS VENDIDO NESSE DIA?
_____

B. QUANTOS CARRINHOS FORAM VENDIDOS A MENOS QUE BOLAS? _____

C. QUANTAS BOLAS FORAM VENDIDAS A MAIS QUE BICICLETAS?
_____

3 A TABELA ABAIXO MOSTRA A QUANTIDADE DE BOLAS DE CADA TIPO QUE ESTÃO EM UM DEPÓSITO DE MATERIAIS ESPORTIVOS.

QUANTIDADE DE BOLAS NO DEPÓSITO

FUTEBOL	BASQUETE	VÔLEI	TÊNIS
13	9	10	16

DADOS FORNECIDOS PELO DONO DO DEPÓSITO.

■ COMPLETE O GRÁFICO DE ACORDO COM OS DADOS DA TABELA.

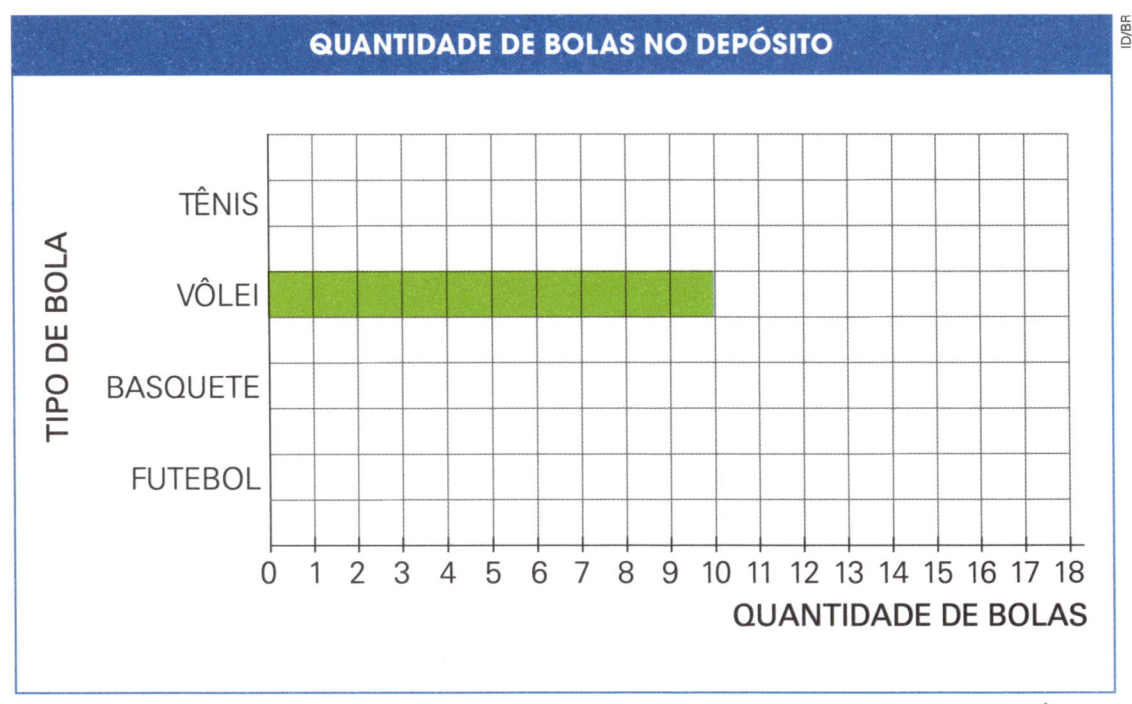

QUANTIDADE DE BOLAS NO DEPÓSITO

DADOS FORNECIDOS PELO DONO DO DEPÓSITO.

JOGO

É MINHA!

MATERIAL
- CARTAS DAS PÁGINAS 219 E 221.

NÚMERO DE PARTICIPANTES
- 2 OU 3 JOGADORES.

OBJETIVO
- CONSEGUIR A MAIOR QUANTIDADE DE CARTAS.

VOU PEGAR AS CARTAS COM FIGURAS PLANAS.

REGRAS

1. DESTAQUE AS CARTAS DAS PÁGINAS 219 E 221.

2. JUNTE-SE AOS COLEGAS E EMBARALHEM AS CARTAS SEM OLHAR, FORMANDO UM MONTE PARA DEIXAR EM CIMA DA MESA.

3. PEGUEM 4 CARTAS DO MONTE PARA DEIXAR NA MESA COM AS FIGURAS VIRADAS PARA CIMA. NO INÍCIO DE CADA JOGADA, SEMPRE DEVE HAVER 4 CARTAS NA MESA COM AS FIGURAS VIRADAS PARA CIMA.

4. CADA JOGADOR, NA SUA VEZ, PEGA UMA CARTA DO MONTE, COMPARA A FIGURA DESSA CARTA COM AS FIGURAS QUE ESTÃO VIRADAS PARA CIMA NA MESA E ESCOLHE UMA CARACTERÍSTICA EM COMUM ENTRE ELAS: A COR, SE SÃO PLANAS, SE NÃO SÃO ARREDONDADAS, ETC. O JOGADOR FICA COM TODAS AS CARTAS DA MESA EM QUE AS FIGURAS TÊM A CARACTERÍSTICA ESCOLHIDA.

5. A CADA JOGADA, UM JOGADOR DIFERENTE COMEÇA. NO INÍCIO DA JOGADA, ELE DEVE PEGAR CARTAS DO MONTE PARA COMPLETAR 4 CARTAS VIRADAS PARA CIMA NA MESA.

6. CASO O JOGADOR NÃO ACHE NENHUMA CARACTERÍSTICA EM COMUM DA SUA CARTA COM AS CARTAS DA MESA, ELE DEVOLVE SUA CARTA PARA O FIM DO MONTE E PASSA A VEZ.

7. VENCE O JOGADOR QUE TIVER MAIS CARTAS QUANDO AS CARTAS DO MONTE ACABAREM.

DEPOIS DO JOGO

1 OBSERVE A CARTA DE ANITA E A CARACTERÍSTICA QUE ELA ESCOLHEU PARA PEGAR AS CARTAS DA MESA.

VOU PEGAR AS CARTAS COM FIGURAS QUE SÃO ARREDONDADAS.

A. OBSERVE AS CARTAS QUE ESTÃO VIRADAS PARA CIMA NESSA JOGADA E CONTORNE AQUELAS QUE ANITA PODE PEGAR.

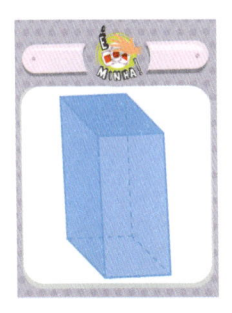

B. AGORA, MARQUE COM UM **X** AS CARTAS QUE ANITA PODERIA PEGAR SE TIVESSE ESCOLHIDO CARTAS COM FIGURAS NÃO PLANAS.

2 OBSERVE AS CARTAS QUE ESTÃO VIRADAS PARA CIMA NESSA JOGADA.

■ AGORA É A SUA VEZ DE JOGAR! SE VOCÊ TIVESSE TIRADO A CARTA AO LADO, QUE CARACTERÍSTICA VOCÊ ESCOLHERIA PARA PEGAR A MAIOR QUANTIDADE DE CARTAS DA MESA? CONVERSE COM OS COLEGAS E O PROFESSOR.

VAMOS LER IMAGENS!

PINTURAS

AO FAZER UMA PINTURA, ARTISTAS USAM TÉCNICAS PARA CONSEGUIR DIFERENTES EFEITOS. ALGUMAS DESSAS TÉCNICAS FAZEM COM QUE OS DESENHOS LEMBREM FIGURAS NÃO PLANAS, MESMO SENDO PINTADOS EM UMA TELA OU PAPEL.

ELOISE HARRIET. *UMA CESTA DE LARANJAS*, 1895. ÓLEO SOBRE TELA.

A TÉCNICA QUE A ARTISTA ELOISE HARRIET USOU NESSA OBRA NOS DÁ A IMPRESSÃO DE QUE ESTAMOS OLHANDO PARA UMA REPRODUÇÃO DA REALIDADE. O MODO COMO AS LARANJAS FORAM PINTADAS NOS LEMBRA FIGURAS GEOMÉTRICAS NÃO PLANAS.

ALDO BONADEI. *NATUREZA-MORTA*, 1963. ÓLEO SOBRE TELA.

O ARTISTA ALDO BONADEI USOU UMA OUTRA TÉCNICA, E O RESULTADO É UMA IMAGEM QUE NÃO APRESENTA PROFUNDIDADE. OS ELEMENTOS DESSA PINTURA LEMBRAM FIGURAS GEOMÉTRICAS PLANAS.

AGORA É A SUA VEZ

1 OBSERVE A PINTURA A SEGUIR.

GIORGIO DE CHIRICO. *NATUREZA-MORTA*, 1940. ÓLEO SOBRE TELA.

A. OS ELEMENTOS DESSA PINTURA LEMBRAM FIGURAS GEOMÉTRICAS PLANAS OU NÃO PLANAS?

_____

B. NESSA PINTURA ESTÁ REPRESENTADO UM COPO. ESSE COPO LEMBRA QUAL DAS FIGURAS REPRESENTADAS A SEGUIR? CONTORNE-A.

CILINDRO   CONE   ESFERA

APRENDER SEMPRE

1 OBSERVE AO LADO O ROBÔ QUE VANESSA CONSTRUIU USANDO MATERIAIS RECICLÁVEIS.

A. OS BRAÇOS, OS OLHOS E O PESCOÇO DO ROBÔ FORAM FEITOS COM ROLOS DE PAPEL HIGIÊNICO. QUE FIGURA GEOMÉTRICA ELES LEMBRAM?

_____

B. O CORPO DO ROBÔ FOI FEITO COM CAIXAS VAZIAS. QUE FIGURA GEOMÉTRICA ESSAS CAIXAS LEMBRAM?

_____

C. VOCÊ JÁ CONSTRUIU BRINQUEDOS COM MATERIAIS RECICLÁVEIS? CONVERSE COM OS COLEGAS E O PROFESSOR.

2 OBSERVE AS FIGURAS ABAIXO.

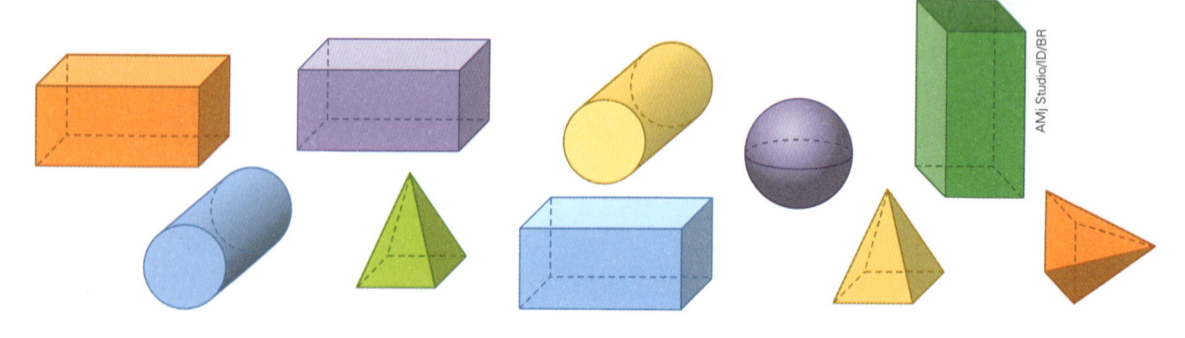

- PREENCHA O QUADRO COM A QUANTIDADE DE CADA FIGURA ACIMA.

FIGURA	QUANTIDADE
PIRÂMIDE	
ESFERA	
CILINDRO	
PARALELEPÍPEDO	

3 COMPLETE A CRUZADINHA COM O NOME DE CADA FIGURA.

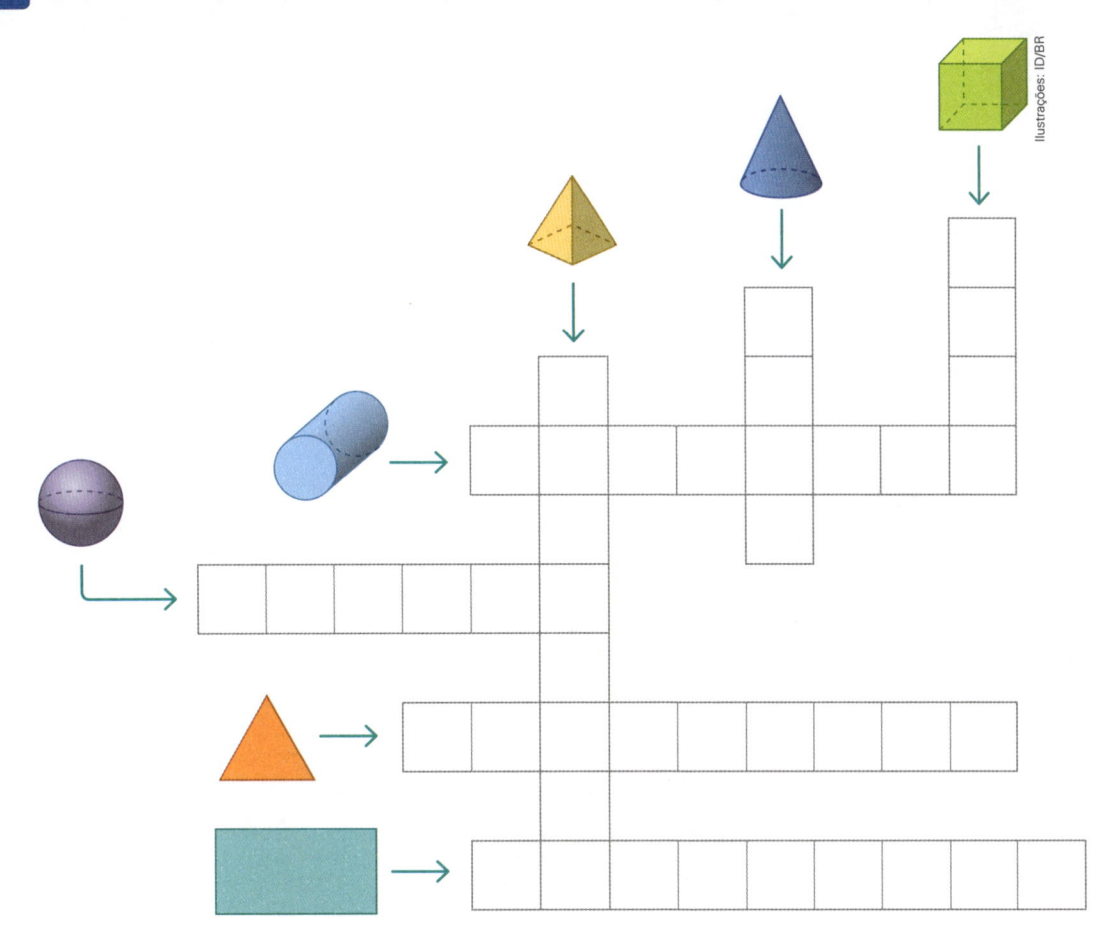

4 EM CADA CASO, USE UMA RÉGUA E LIGUE OS PONTOS SEGUINDO A ORDEM CRESCENTE DOS NÚMEROS. PINTE AS FIGURAS E DEPOIS ESCREVA O NOME DE CADA UMA DELAS.

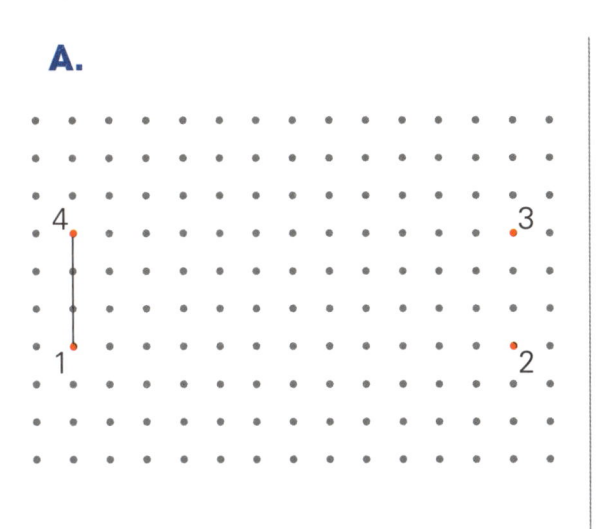

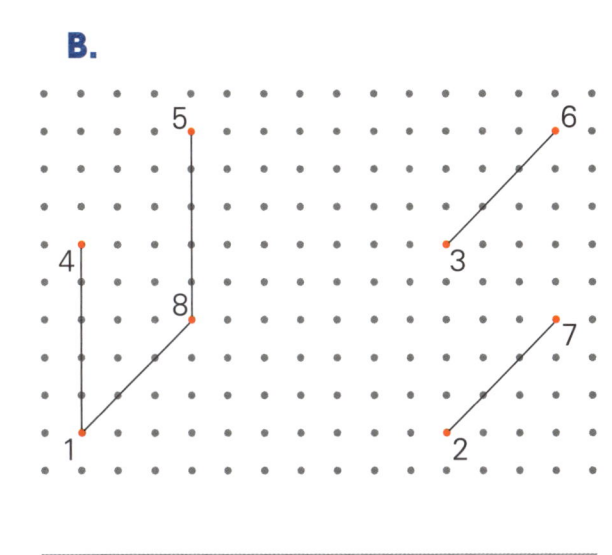

A.

B.

CAPÍTULO 4
MAIS NÚMEROS

A FAMÍLIA DE BEATRIZ COSTUMA FAZER PASSEIOS NOS FINS DE SEMANA. DESSA VEZ, ELES ESCOLHERAM VISITAR UMA EXPOSIÇÃO SOBRE MÚSICA BRASILEIRA QUE ESTÁ NO MUSEU DA CIDADE.

▶ TODOS QUE VISITAM O MUSEU DEVEM PASSAR PELA CATRACA DA ENTRADA. VEJA O NÚMERO REGISTRADO NA CATRACA E RESPONDA: QUANTAS PESSOAS JÁ ENTRARAM NO MUSEU?

▶ BEATRIZ SERÁ A PRÓXIMA A PASSAR PELA CATRACA. QUE NÚMERO VAI APARECER NO CONTADOR DE VISITANTES?

▶ VOCÊ ACHA QUE ESSE CONTADOR DE VISITANTES REGISTRA ATÉ QUE NÚMERO DE PESSOAS QUE PASSAM PELA CATRACA?

A CENTENA

1 LAURA ESTÁ GUARDANDO SUAS FIGURINHAS EM PACOTES COM 10 FIGURINHAS CADA. VEJA QUANTOS PACOTES LAURA JÁ MONTOU E RESPONDA ÀS QUESTÕES.

A. ESCREVA UMA ADIÇÃO PARA REPRESENTAR QUANTAS FIGURINHAS LAURA JÁ GUARDOU.

_____

B. QUANTAS FIGURINHAS ESTÃO SOLTAS? _____

C. QUANTAS FIGURINHAS LAURA TEM NO TOTAL? _____

2 QUANDO SE LEVANTOU, LAURA ENCONTROU MAIS UMA FIGURINHA. OBSERVE.

A. COM ESSA FIGURINHA, LAURA CONSEGUE FORMAR OUTRO PACOTE? _____

B. QUANTOS PACOTES LAURA TEM AGORA? _____

COM ESSA ÚLTIMA FIGURINHA, LAURA CONSEGUIU FORMAR MAIS UM PACOTE E FICOU COM **100 (CEM)** FIGURINHAS.

NOVENTA E CINCO 95

3 OBSERVE AS FIGURINHAS E COMPLETE.

1 FIGURINHA
1 UNIDADE

1 PACOTE COM
10 FIGURINHAS
_____ UNIDADES
OU _____ DEZENA

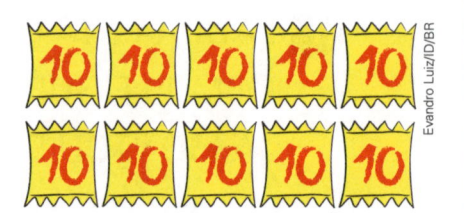

10 PACOTES COM
10 FIGURINHAS
100 UNIDADES OU
10 DEZENAS OU
1 CENTENA

AGORA, VEJA ESTAS REPRESENTAÇÕES DE UMA CENTENA.

MATERIAL DOURADO   ÁBACO   QUADRO

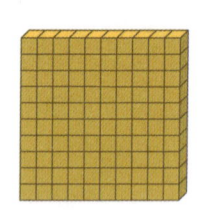

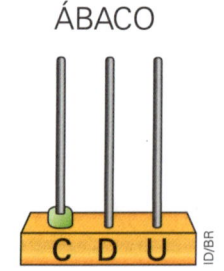

C	D	U
1	0	0

4 COMPLETE A RETA NUMÉRICA COM AS DEZENAS INTEIRAS DO 0 AO 100.

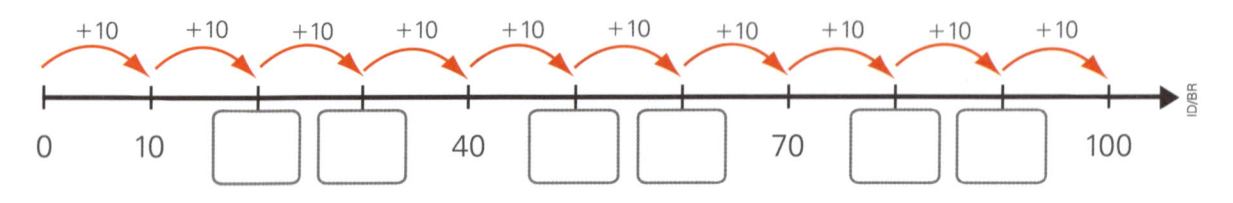

0   10   ___   ___   40   ___   ___   70   ___   ___   100

5 QUANTO DEVEMOS ADICIONAR A CADA NÚMERO PARA QUE O RESULTADO SEJA 100? COMPLETE.

A. 0 + _____ = 100
B. 10 + _____ = 100
C. 20 + _____ = 100
D. 30 + _____ = 100

E. 40 + _____ = 100
F. 50 + _____ = 100
G. 60 + _____ = 100
H. 70 + _____ = 100

I. 80 + _____ = 100
J. 90 + _____ = 100
K. 100 + _____ = 100

6 BIANCA ESTÁ REPRESENTANDO NÚMEROS COM PEÇAS DO MATERIAL DOURADO. ELA FORMOU GRUPOS DE 10 CUBINHOS E TROCOU CADA UM DESSES GRUPOS POR UMA BARRA. OBSERVE COM QUAIS PEÇAS BIANCA FICOU.

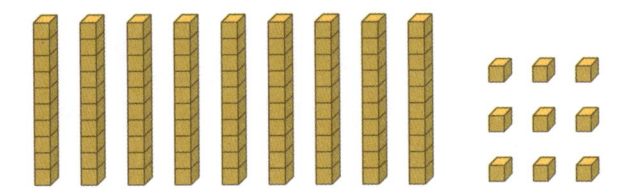

A. QUE NÚMERO BIANCA REPRESENTOU? _____

B. QUANTOS CUBINHOS FALTAM PARA BIANCA FORMAR UM NOVO GRUPO DE 10 CUBINHOS? _____

C. OBSERVE A TROCA QUE BIANCA FEZ AO CONSEGUIR MAIS UM CUBINHO E COMPLETE.

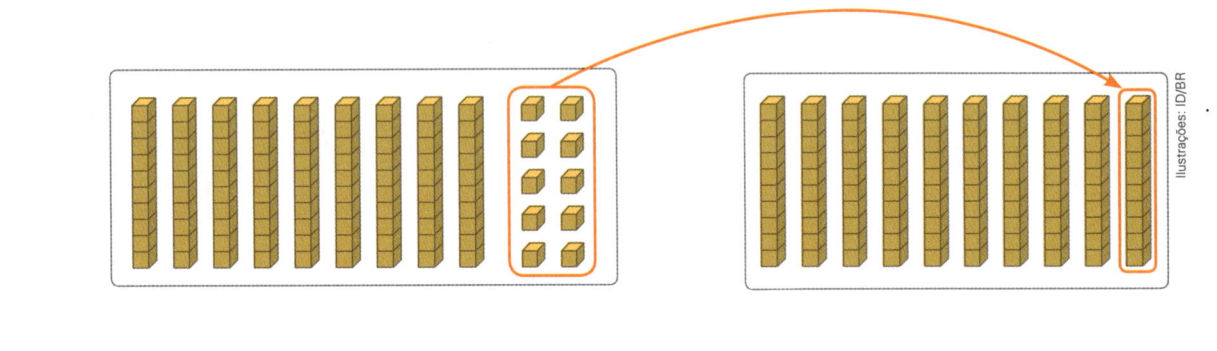

_____ DEZENAS E _____ UNIDADES.   _____ DEZENAS.

99 + 1 = _____

D. POR QUAL PEÇA DO MATERIAL DOURADO BIANCA PODERIA TROCAR AS 10 BARRAS?

_____

NA ATIVIDADE "FORME 100", COMBINE DUAS CARTAS NUMERADAS PARA FORMAR O NÚMERO 100.
DISPONÍVEL EM: <https://www.matific.com/bra/pt-br/activity/MatchCardSumsPairTo100ByTens>. ACESSO EM: 14 NOV. 2017.

NÚMEROS ATÉ 199

1 OBSERVE COMO PODEMOS REPRESENTAR O NÚMERO 134.

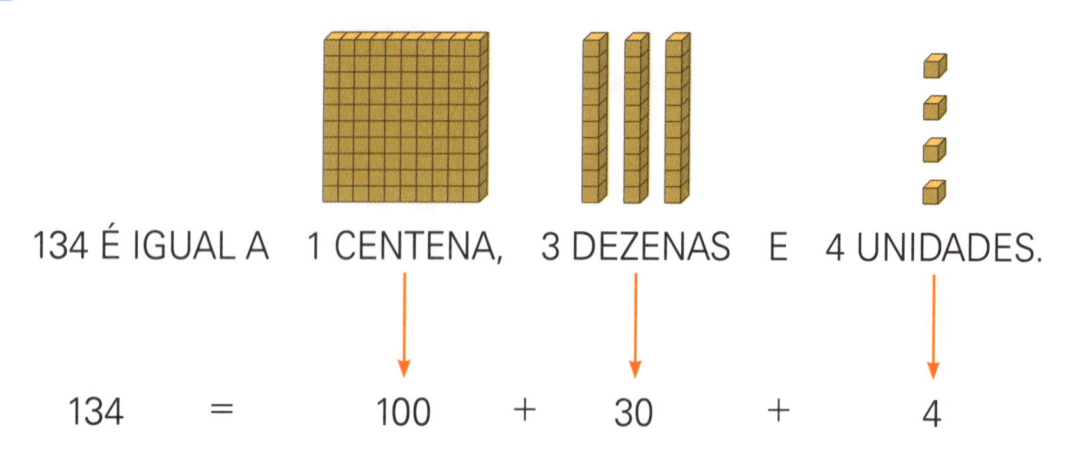

134 É IGUAL A   1 CENTENA,   3 DEZENAS   E   4 UNIDADES.

134   =   100   +   30   +   4

A. COMPLETE AS LACUNAS ABAIXO PARA REPRESENTAR O NÚMERO 128 COMO O EXEMPLO ACIMA.

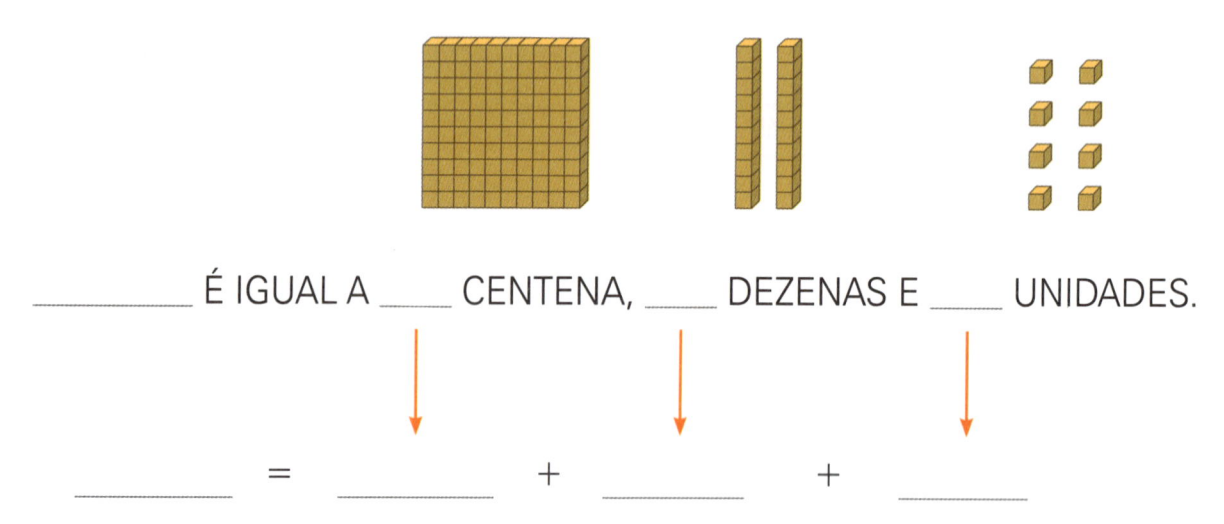

_____ É IGUAL A _____ CENTENA, _____ DEZENAS E _____ UNIDADES.

_____ = _____ + _____ + _____

B. UTILIZANDO AS PEÇAS DO MATERIAL DOURADO QUE VOCÊ DESTACOU DA PÁGINA 231, REPRESENTE, COMO NO EXEMPLO, OS NÚMEROS 187 E 162. DEPOIS, ESCREVA A DECOMPOSIÇÃO DESSES NÚMEROS NO CADERNO.

2 OBSERVE ABAIXO O NÚMERO REPRESENTADO COM PEÇAS DO MATERIAL DOURADO E COMPLETE O QUADRO.

C	D	U

3 COMPLETE COM A QUANTIDADE CORRETA.

A.

_____ + _____ + _____ = _____

NO TOTAL, HÁ _____ MAÇÃS.

B.

_____ + _____ + _____ = _____

NO TOTAL, HÁ _____ CAQUIS.

4 OBSERVE COMO JULIANA E MARCELO ESCREVERAM UMA DECOMPOSIÇÃO DO NÚMERO 185.

100 + 50 + 35

100 + 80 + 5

ESCREVA DUAS DECOMPOSIÇÕES DIFERENTES DOS NÚMEROS A SEGUIR.

A. 142 _____

B. 139 _____

C. 161 _____

D. 194 _____

E. 176 _____

COMPARANDO NÚMEROS

1 CARLA JUNTOU 157 REAIS, E TELMA JUNTOU 163 REAIS.

A. A QUANTIA QUE CADA UMA JUNTOU ESTÁ REPRESENTADA ABAIXO. INDIQUE A QUEM CORRESPONDE CADA REPRESENTAÇÃO.

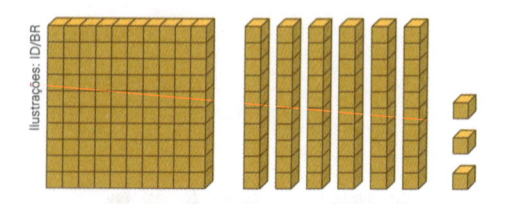

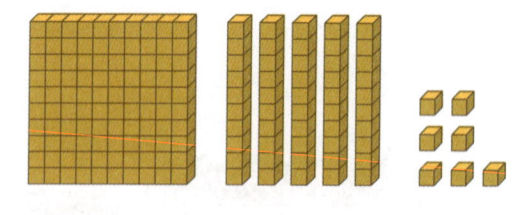

_____   _____

B. NA RETA NUMÉRICA ABAIXO, CONTORNE A QUANTIA QUE CARLA JUNTOU E MARQUE COM UM **X** A QUANTIA QUE TELMA JUNTOU.

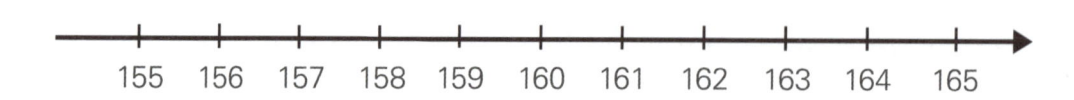

155 156 157 158 159 160 161 162 163 164 165

C. QUEM JUNTOU MAIS DINHEIRO: CARLA OU TELMA? COMO VOCÊ PENSOU PARA RESPONDER? CONTE AOS COLEGAS E AO PROFESSOR.

D. COMPLETE AS FRASES USANDO **MENOR QUE** OU **MAIOR QUE**.

A QUANTIA QUE CARLA JUNTOU É _____ A QUANTIA QUE TELMA JUNTOU.

O NÚMERO 163 É _____ O NÚMERO 157.

> AO COMPARAR DOIS NÚMEROS, PODEMOS USAR AS EXPRESSÕES **MENOR QUE**, **MAIOR QUE** OU **IGUAL A** OU OS SÍMBOLOS <, > OU =.
>
> O SÍMBOLO < SIGNIFICA **MENOR QUE**, O SÍMBOLO > SIGNIFICA **MAIOR QUE**, E O SÍMBOLO = SIGNIFICA **IGUAL A**.

2 ESCREVA OS NÚMEROS DAS FICHAS ABAIXO EM SUA POSIÇÃO CORRESPONDENTE NA RETA NUMÉRICA.

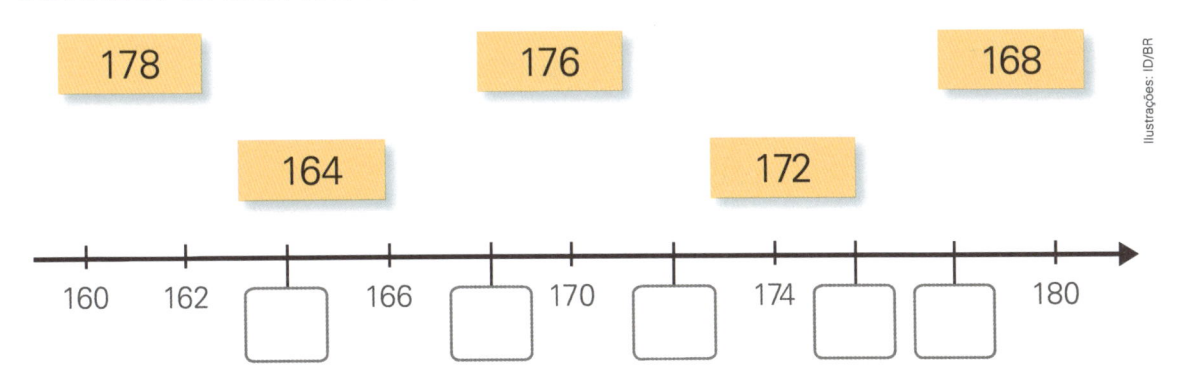

178   176   168
164   172

160 162 ☐ 166 ☐ 170 ☐ 174 ☐ ☐ 180

- AGORA, ESCREVA OS NÚMEROS DAS FICHAS DO MAIOR NÚMERO PARA O MENOR NÚMERO USANDO O SÍMBOLO > (MAIOR QUE).

_____

3 OBSERVE O DIÁLOGO ABAIXO E COMPLETE A FRASE.

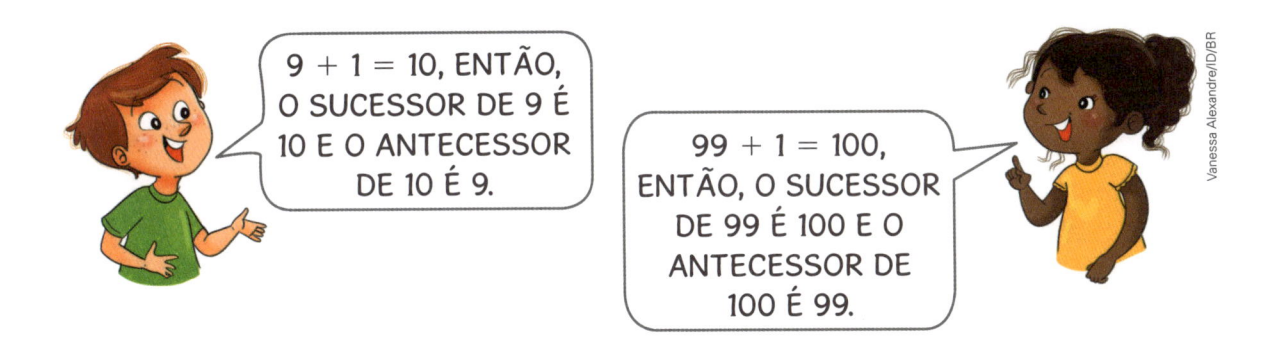

9 + 1 = 10, ENTÃO, O SUCESSOR DE 9 É 10 E O ANTECESSOR DE 10 É 9.

99 + 1 = 100, ENTÃO, O SUCESSOR DE 99 É 100 E O ANTECESSOR DE 100 É 99.

199 + 1 = 200. ENTÃO, O SUCESSOR DE 199 É _____ E O ANTECESSOR DE 200 É _____.

4 COMPLETE AS LACUNAS E RESPONDA À QUESTÃO.

189 É IGUAL A _____ CENTENA, _____ DEZENAS E _____ UNIDADES OU 100 + _____ + _____.

197 É IGUAL A _____ CENTENA, _____ DEZENAS E _____ UNIDADES OU _____ + _____ + _____.

- QUAL NÚMERO É MAIOR: 189 OU 197? _____

CENTENAS INTEIRAS

1 OBSERVE AS REPRESENTAÇÕES COM O MATERIAL DOURADO E COMPLETE.

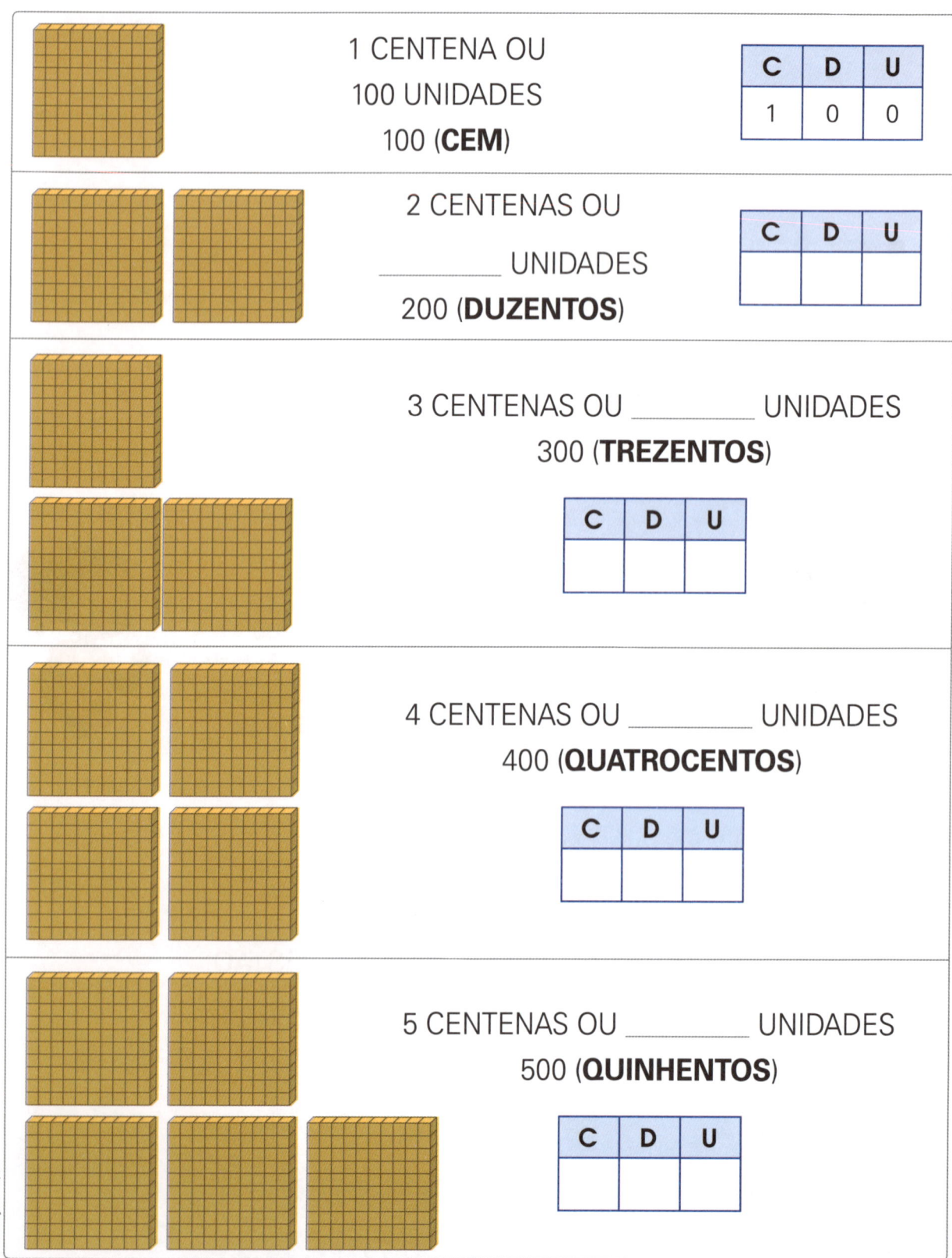

1 CENTENA OU
100 UNIDADES
100 (**CEM**)

C	D	U
1	0	0

2 CENTENAS OU
_____ UNIDADES
200 (**DUZENTOS**)

C	D	U

3 CENTENAS OU _____ UNIDADES
300 (**TREZENTOS**)

C	D	U

4 CENTENAS OU _____ UNIDADES
400 (**QUATROCENTOS**)

C	D	U

5 CENTENAS OU _____ UNIDADES
500 (**QUINHENTOS**)

C	D	U

2 COMPLETE AS LACUNAS EM CADA ITEM.

A. 6 GRUPOS DE 100 EQUIVALEM A _____ CENTENAS OU _____ UNIDADES (**SEISCENTOS**).

B. 7 GRUPOS DE 100 EQUIVALEM A _____ CENTENAS OU _____ UNIDADES (**SETECENTOS**).

C. 8 GRUPOS DE 100 EQUIVALEM A _____ CENTENAS OU _____ UNIDADES (**OITOCENTOS**).

D. 9 GRUPOS DE 100 EQUIVALEM A _____ CENTENAS OU _____ UNIDADES (**NOVECENTOS**).

3 COMPLETE A RETA NUMÉRICA COM CENTENAS INTEIRAS.

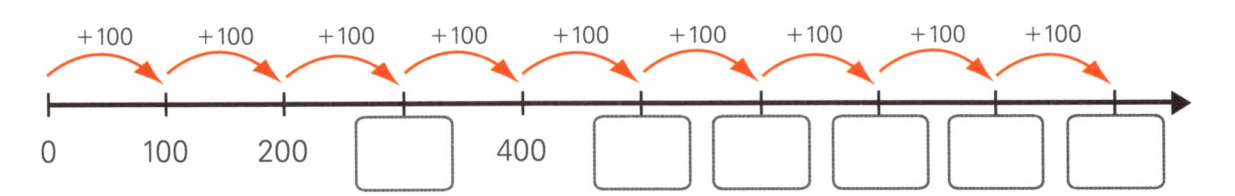

0   100   200   ____   400   ____   ____   ____   ____   ____

4 LIGUE CADA NÚMERO À SUA REPRESENTAÇÃO NO ÁBACO.

300   900   800

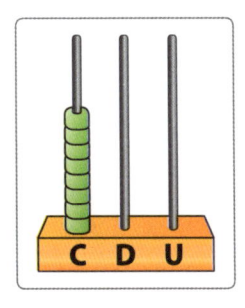

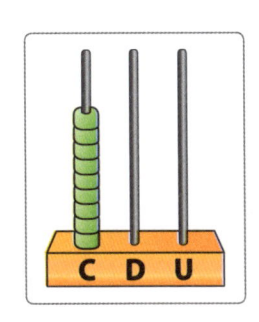

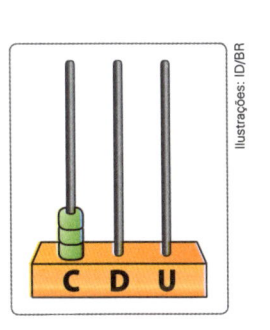

ADIÇÃO E SUBTRAÇÃO COM CENTENAS INTEIRAS

1 ARTUR TRABALHA EM UMA LOJA QUE VENDE BOLAS DE TÊNIS DE MESA EM EMBALAGENS COM 100 UNIDADES CADA UMA. OBSERVE A CENA E COMPLETE OS TEXTOS.

> ONTEM PELA MANHÃ, VENDI 5 EMBALAGENS DE BOLAS DE TÊNIS DE MESA. À TARDE, VENDI MAIS 3 EMBALAGENS DE BOLAS DE TÊNIS DE MESA.

A. QUANTAS BOLAS ARTUR VENDEU ONTEM?

NO PERÍODO DA MANHÃ, FORAM VENDIDAS 5 EMBALAGENS DE BOLAS OU _____ CENTENAS DE BOLAS OU 500 BOLAS.

NO PERÍODO DA TARDE, FORAM VENDIDAS 3 EMBALAGENS DE BOLAS OU _____ CENTENAS DE BOLAS OU _____ BOLAS.

PODEMOS DIZER QUE 5 CENTENAS MAIS 3 CENTENAS É IGUAL A _____ CENTENAS, PORQUE 5 + 3 = 8.

ASSIM, 500 + 300 = _____.

ONTEM, ARTUR VENDEU _____ BOLAS.

B. QUANTAS BOLAS FORAM VENDIDAS A MAIS PELA MANHÃ QUE À TARDE?

PODEMOS DIZER QUE 5 CENTENAS MENOS 3 CENTENAS É IGUAL A _____ CENTENAS, PORQUE 5 − 3 = 2.

ASSIM, 500 − 300 = _____.

FORAM VENDIDAS _____ BOLAS A MAIS PELA MANHÃ.

2 CALCULE, MENTALMENTE, AS OPERAÇÕES ABAIXO.

A. 100 + 300 = _____

B. 200 + 600 = _____

C. 200 + 200 = _____

D. 700 − 600 = _____

E. 300 + 200 + 100 = _____

F. 500 − 100 = _____

3 COMPLETE AS OPERAÇÕES COM CENTENAS INTEIRAS, DE FORMA QUE O RESULTADO SEJA SEMPRE O NÚMERO QUE ESTÁ NO CÍRCULO.

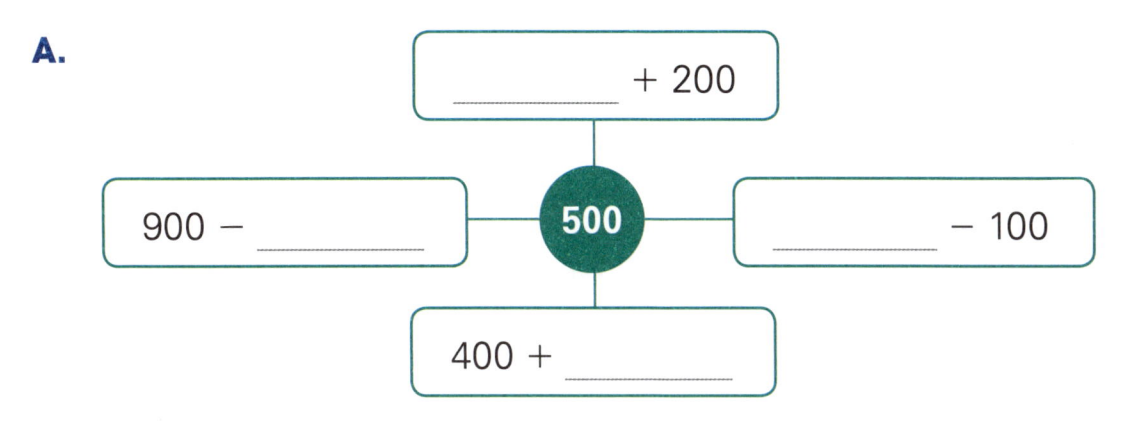

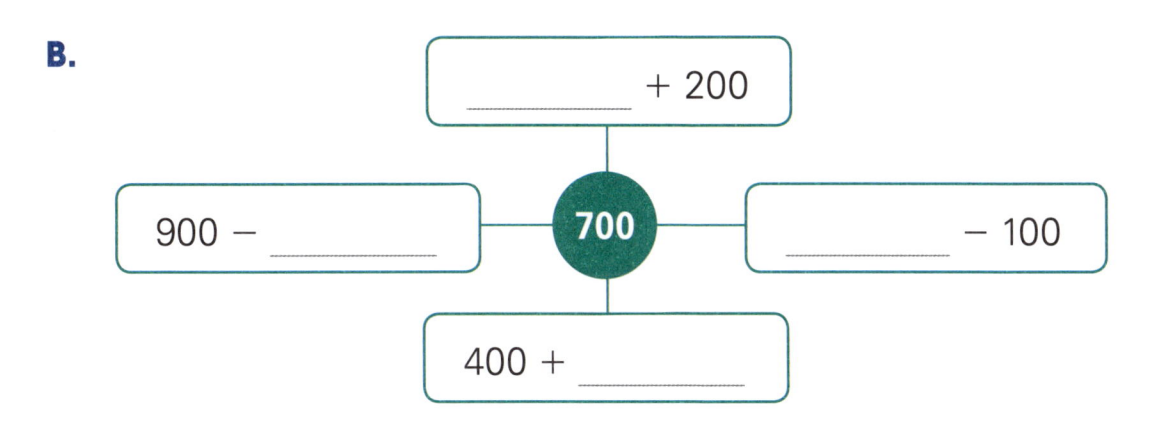

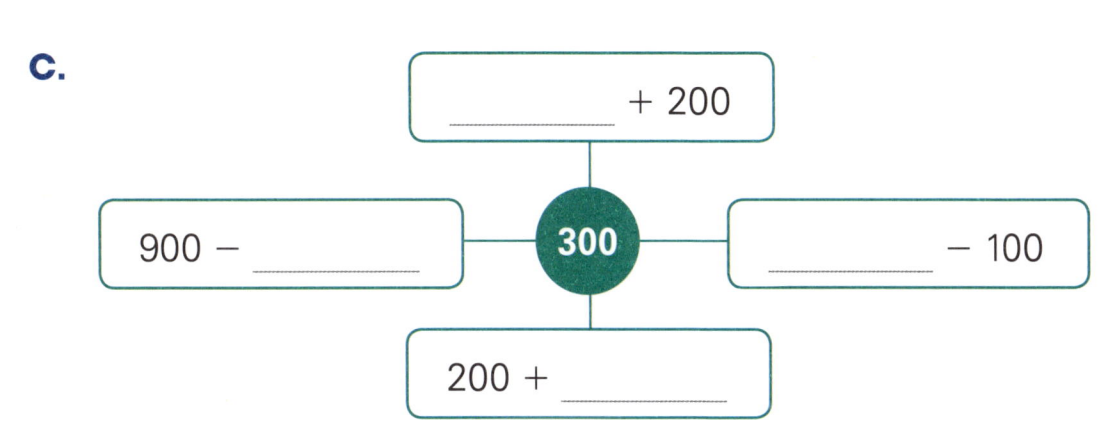

A.

_____ + 200

900 − _____   **500**   _____ − 100

400 + _____

B.

_____ + 200

900 − _____   **700**   _____ − 100

400 + _____

C.

_____ + 200

900 − _____   **300**   _____ − 100

200 + _____

VAMOS RESOLVER!

1 FERNANDO TRABALHA EM UMA LOJA DE ROUPAS E FEZ UMA TABELA COM AS VENDAS DO SÁBADO. OBSERVE.

VENDAS DO SÁBADO

TIPO DE ROUPA	QUANTIDADE VENDIDA
CAMISETAS	50
CALÇAS	20
VESTIDOS	40

DADOS OBTIDOS POR FERNANDO.

- QUANTAS PEÇAS DE ROUPA FORAM VENDIDAS NO SÁBADO?

---

2 LIGUE AS FICHAS AOS LÁPIS QUE REPRESENTAM AS QUANTIDADES CORRESPONDENTES.

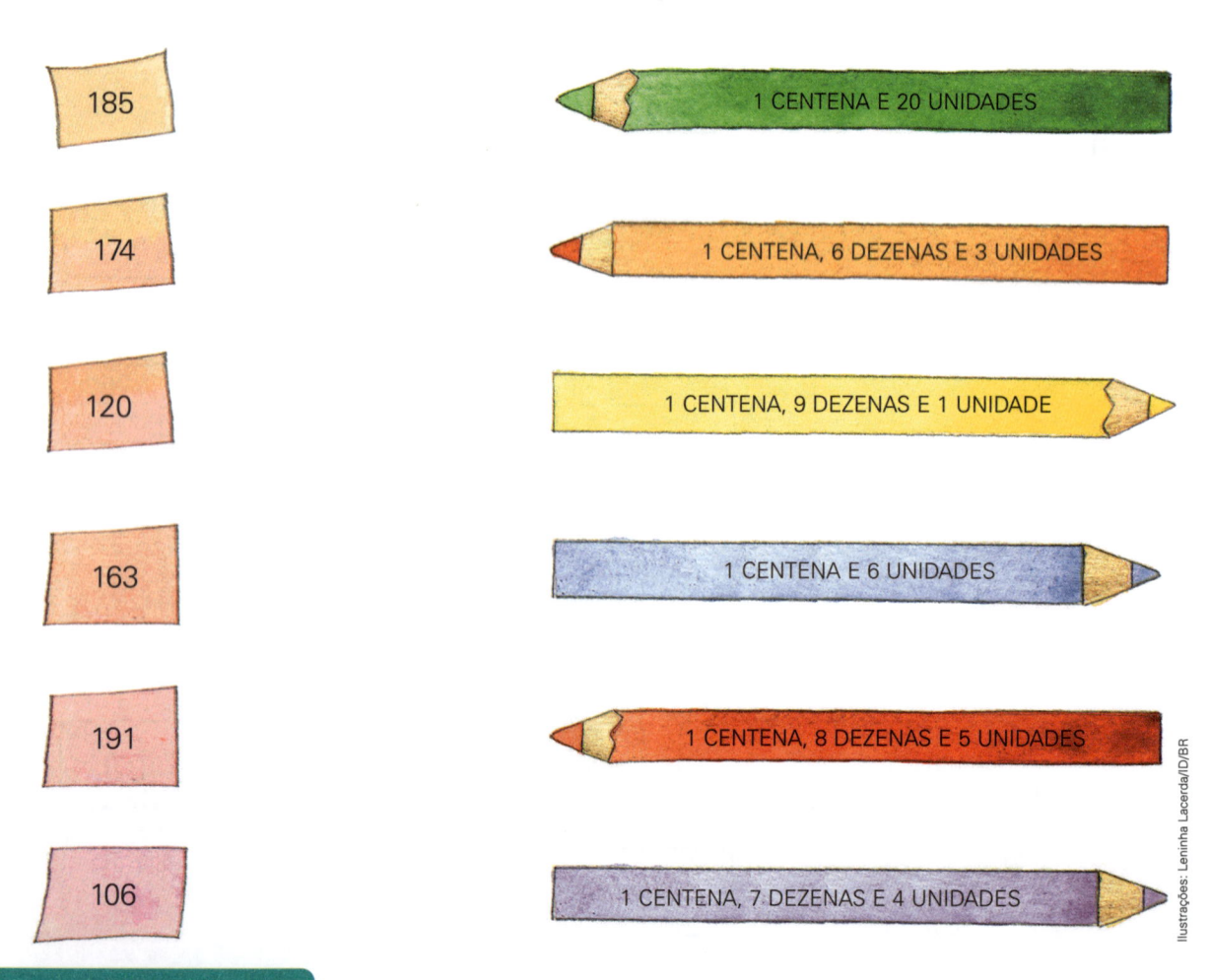

185

174

120

163

191

106

1 CENTENA E 20 UNIDADES

1 CENTENA, 6 DEZENAS E 3 UNIDADES

1 CENTENA, 9 DEZENAS E 1 UNIDADE

1 CENTENA E 6 UNIDADES

1 CENTENA, 8 DEZENAS E 5 UNIDADES

1 CENTENA, 7 DEZENAS E 4 UNIDADES

3 PINTE COM CORES IGUAIS OS PARES DE FICHAS QUE, JUNTAS, FORMAM O NÚMERO 700.

300   200   500   100

600   400   0   700

4 ESCREVA O NÚMERO REPRESENTADO EM CADA GRUPO DE PEÇAS DO MATERIAL DOURADO.

A. _____

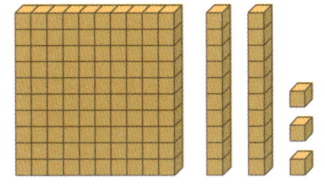

B. _____

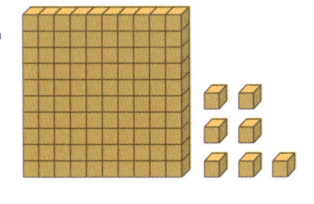

C. _____

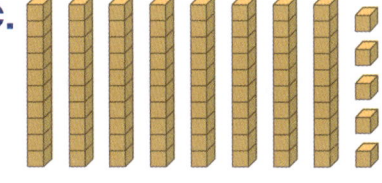

D. _____

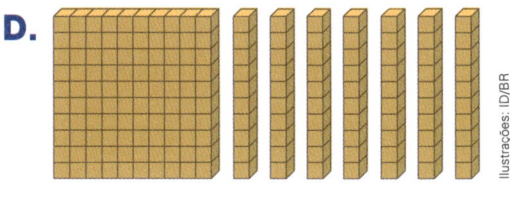

- AGORA, REESCREVA OS NÚMEROS REPRESENTADOS ACIMA DO MENOR PARA O MAIOR. _____

5 COMPARE OS NÚMEROS A SEGUIR USANDO OS SÍMBOLOS < (MENOR QUE) OU > (MAIOR QUE).

A. 150 _____ 105   **D.** 134 _____ 140   **G.** 139 _____ 149

B. 107 _____ 110   **E.** 140 _____ 104   **H.** 149 _____ 139

C. 138 _____ 122   **F.** 144 _____ 141   **I.** 113 _____ 123

NÚMEROS ATÉ 999

1 ANA COMPROU ALGUMAS CANETAS EM UMA LOJA. OBSERVE COMO AS CANETAS SÃO VENDIDAS NESSA LOJA.

A. ANA COMPROU 3 CAIXAS GRANDES, 2 CAIXAS PEQUENAS E 5 CANETAS AVULSAS. QUANTAS CANETAS ELA COMPROU AO TODO?

3 CAIXAS GRANDES: 100 + _____ + _____ = _____

2 CAIXAS PEQUENAS: 10 + _____ = _____

5 CANETAS AVULSAS: 1 + _____ + _____ + _____ + _____ = _____

TOTAL DE CANETAS: 300 + _____ + _____ = _____

PORTANTO, ANA COMPROU _____ CANETAS.

B. VEJA COMO PODEMOS REPRESENTAR ESSA QUANTIDADE DE CANETAS E ESCREVA COMO LEMOS ESSE NÚMERO.

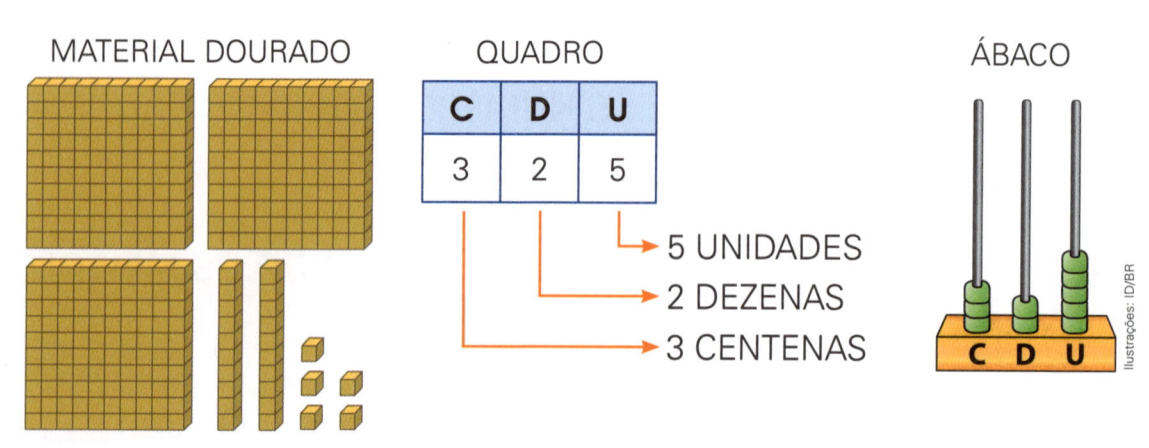

MATERIAL DOURADO

QUADRO

C	D	U
3	2	5

5 UNIDADES
2 DEZENAS
3 CENTENAS

ÁBACO

325 = 300 + 20 + 5

LEMOS: _____

2 DECOMPONHA OS NÚMEROS A SEGUIR CONFORME O EXEMPLO.

582: 5 CENTENAS, 8 DEZENAS E 2 UNIDADES

A. 475: _____

B. 683: _____

C. 708: _____

D. 910: _____

3 COMPLETE O QUADRO.

NÚMERO	DECOMPOSIÇÃO	COMO SE LÊ
397	300 + 90 + 7	
528		QUINHENTOS E VINTE E OITO
601		
		OITOCENTOS E TRINTA
	900 + 90 + 9	

4 DESCUBRA O PADRÃO DE CADA SEQUÊNCIA E COMPLETE-A.

A. 325, 330, 335, ___, ___, ___, ___, ___

B. 512, 522, 532, ___, ___, ___, ___, ___

C. 871, 771, 671, ___, ___, ___, ___, ___

5 OBSERVE AS CAIXAS E RESPONDA ÀS QUESTÕES.

A. QUANTOS LÁPIS HÁ NA CAIXA VERDE? _____

B. QUANTOS LÁPIS HÁ NA CAIXA AZUL? _____

C. QUANTOS LÁPIS HÁ NA CAIXA AMARELA? _____

D. QUANTOS LÁPIS HÁ NO TOTAL? _____

6 COMPLETE AS LACUNAS PARA DESCOBRIR QUAL NÚMERO ESTÁ REPRESENTADO EM CADA CASO.

A.

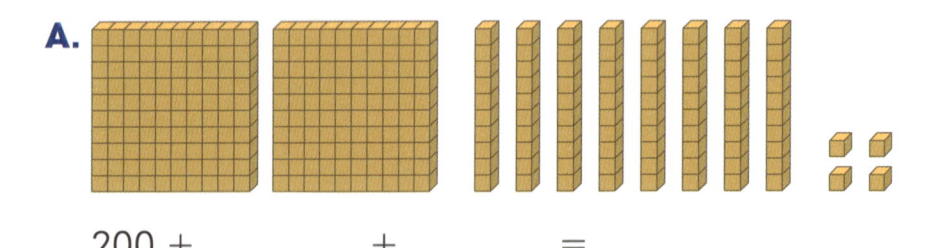

200 + _____ + _____ = _____

B.

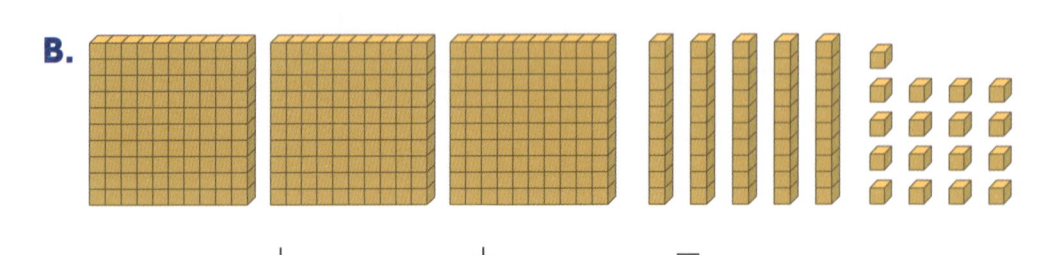

_____ + _____ + _____ = _____

C.

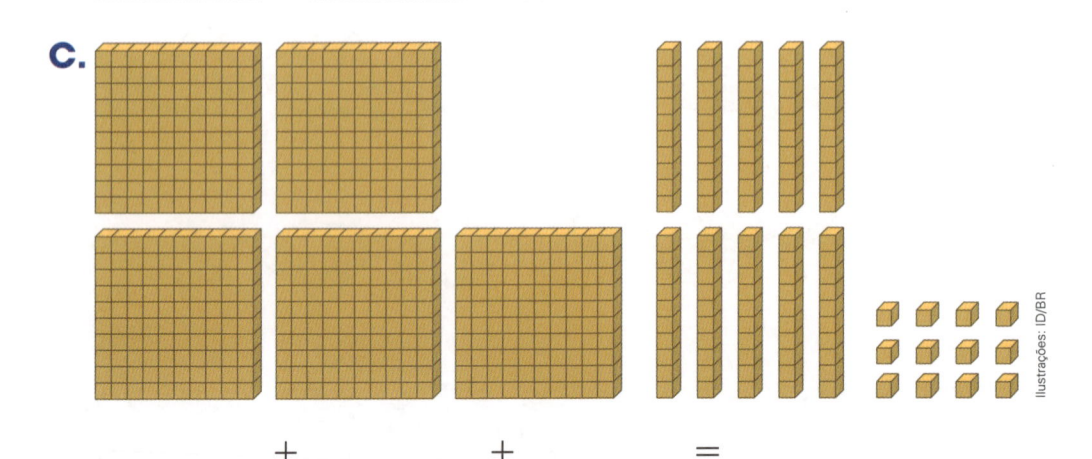

_____ + _____ + _____ = _____

7 COMPLETE AS LACUNAS PARA DESCOBRIR QUANTOS REAIS ADRIANA JUNTOU PARA COMPRAR UMA BICICLETA.

100 + 100 = _____ REAIS   _____ REAIS   _____ REAL

200 + 50 + 1 = _____

O NÚMERO 251 TEM TRÊS ALGARISMOS.

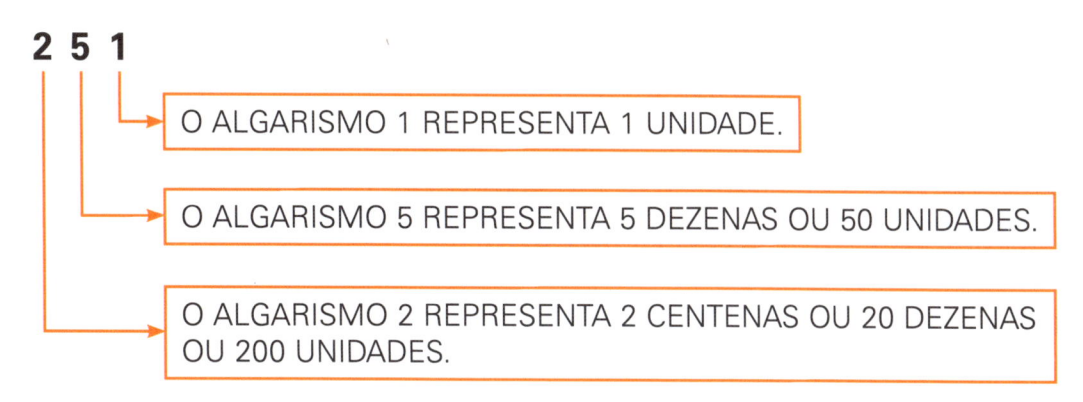

2 5 1

O ALGARISMO 1 REPRESENTA 1 UNIDADE.

O ALGARISMO 5 REPRESENTA 5 DEZENAS OU 50 UNIDADES.

O ALGARISMO 2 REPRESENTA 2 CENTENAS OU 20 DEZENAS OU 200 UNIDADES.

8 QUANTO REPRESENTA CADA ALGARISMO NO NÚMERO 862? COMPLETE AS LACUNAS.

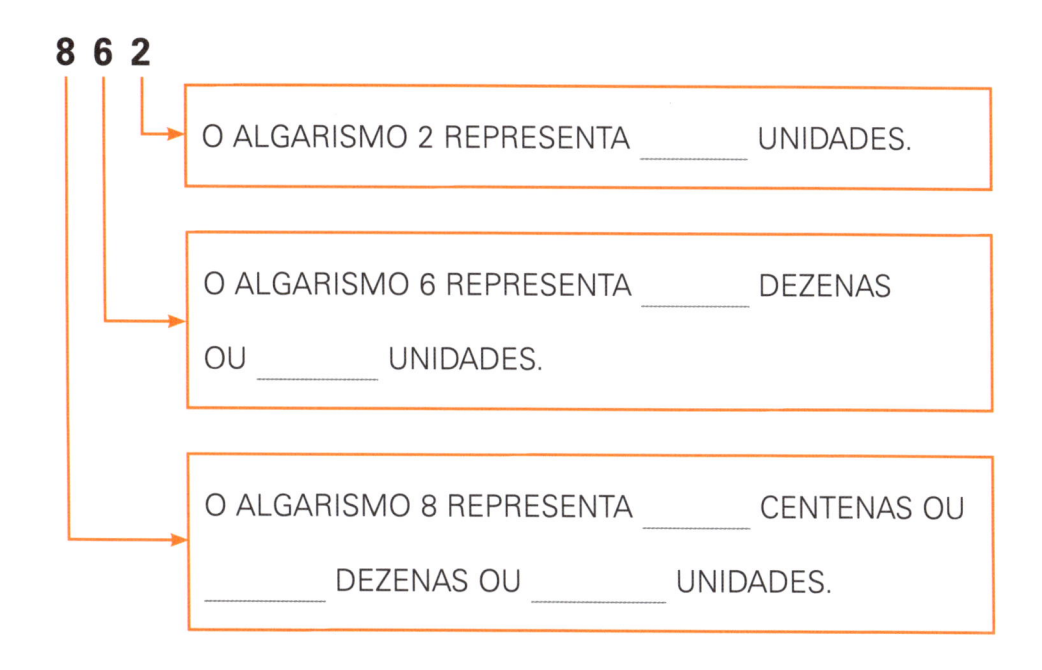

8 6 2

O ALGARISMO 2 REPRESENTA _____ UNIDADES.

O ALGARISMO 6 REPRESENTA _____ DEZENAS OU _____ UNIDADES.

O ALGARISMO 8 REPRESENTA _____ CENTENAS OU _____ DEZENAS OU _____ UNIDADES.

9 ESCREVA O VALOR DO ALGARISMO 7 EM CADA UM DOS NÚMEROS ABAIXO.

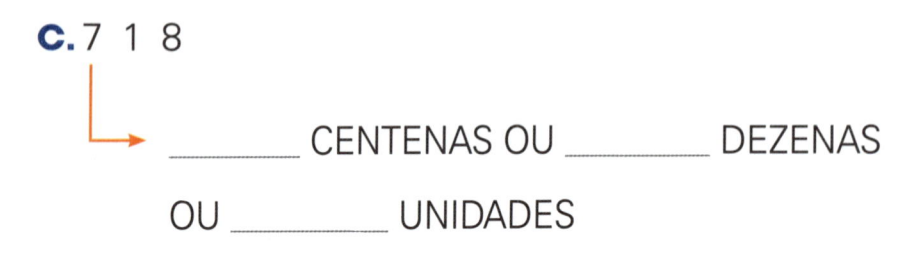

A. 8 1 7

→ _____ UNIDADES

B. 8 7 1

→ _____ DEZENAS OU _____ UNIDADES

C. 7 1 8

→ _____ CENTENAS OU _____ DEZENAS OU _____ UNIDADES

10 ESCREVA O VALOR DE CADA ALGARISMO NOS NÚMEROS ABAIXO E REPRESENTE-OS NO ÁBACO.

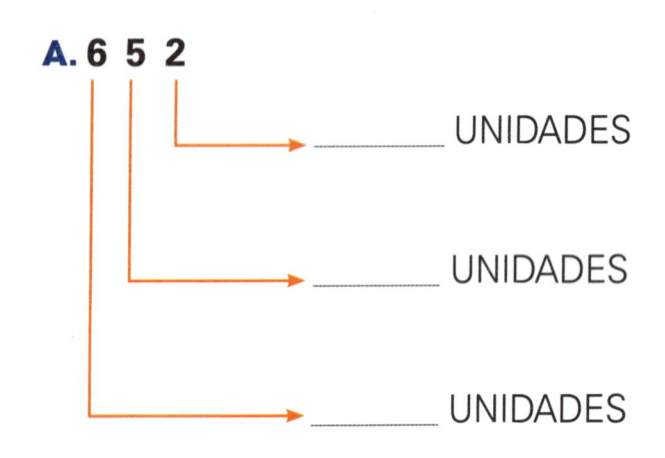

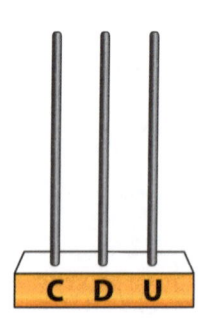

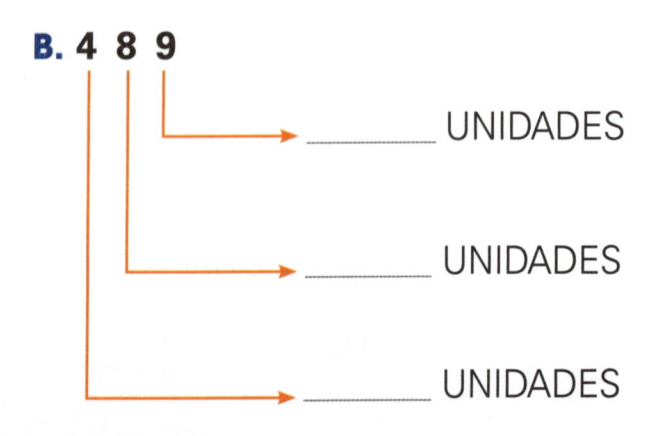

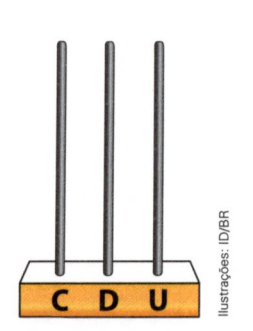

A. 6 5 2

→ _____ UNIDADES

→ _____ UNIDADES

→ _____ UNIDADES

B. 4 8 9

→ _____ UNIDADES

→ _____ UNIDADES

→ _____ UNIDADES

11 OBSERVE OS NÚMEROS DAS FICHAS QUE A PROFESSORA TATIANA COLOCOU NO QUADRO.

723 918 854 945 732 861 644

A. EM QUAL NÚMERO O ALGARISMO 3 VALE 30 UNIDADES?

_____

B. EM QUAL NÚMERO O ALGARISMO 5 VALE 5 DEZENAS?

_____

C. EM QUAIS NÚMEROS O ALGARISMO 8 VALE 8 CENTENAS?

_____

D. EM QUAL NÚMERO O ALGARISMO 6 VALE 60 DEZENAS?

_____

12 OBSERVE O QUE CADA CRIANÇA ESTÁ FALANDO E DESCUBRA O NÚMERO EM QUE CADA UMA PENSOU.

> PENSEI EM UM NÚMERO QUE TEM 3 CENTENAS, 2 DEZENAS E 8 UNIDADES.

> PENSEI EM UM NÚMERO QUE TEM 40 DEZENAS E 2 UNIDADES.

> PENSEI EM UM NÚMERO QUE TEM 12 DEZENAS E 77 UNIDADES.

NA ATIVIDADE "DESPACHE", CARREGUE O CAMINHÃO COM A QUANTIDADE DE BOLAS SOLICITADA EM CADA PEDIDO.
DISPONÍVEL EM: <https://www.matific.com/bra/pt-br/activity/TruckLoadingSkipCount>. ACESSO EM: 6 NOV. 2017.

TRATAMENTO DA INFORMAÇÃO

TRANSPOR DADOS DE GRÁFICO PARA TABELA

1 OBSERVE NO GRÁFICO ABAIXO A QUANTIDADE DE INSTRUMENTOS MUSICAIS ENCOMENDADOS POR UMA LOJA.

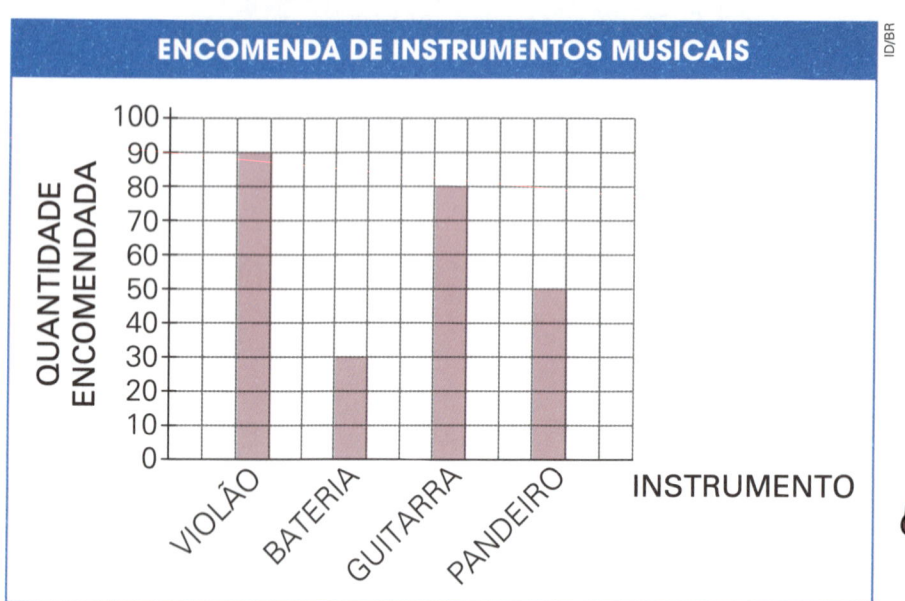

ENCOMENDA DE INSTRUMENTOS MUSICAIS

(Gráfico de barras — Quantidade encomendada por instrumento:
VIOLÃO: 90; BATERIA: 30; GUITARRA: 80; PANDEIRO: 50)

DADOS FORNECIDOS PELA LOJA.

A. COMPLETE A TABELA DE ACORDO COM O GRÁFICO E RESPONDA ÀS QUESTÕES.

ENCOMENDA DE INSTRUMENTOS MUSICAIS

INSTRUMENTO	QUANTIDADE ENCOMENDADA
VIOLÃO	
BATERIA	
GUITARRA	
PANDEIRO	

DADOS FORNECIDOS PELA LOJA.

B. QUANTOS VIOLÕES A MAIS QUE PANDEIROS A LOJA ENCOMENDOU? _____

C. QUANTOS INSTRUMENTOS MUSICAIS A LOJA ENCOMENDOU NO TOTAL? _____

2 OBSERVE NO GRÁFICO ABAIXO A PONTUAÇÃO DE CADA EQUIPE EM UM CAMPEONATO.

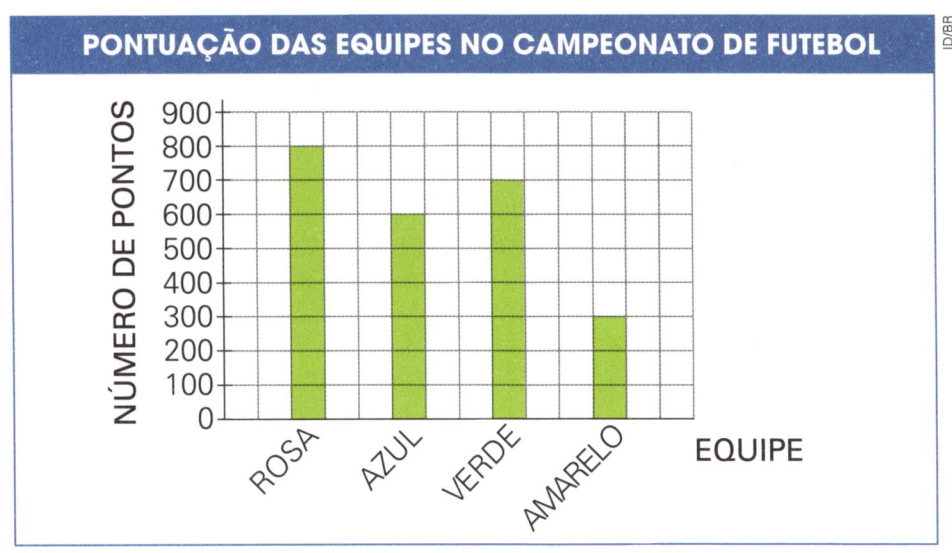

PONTUAÇÃO DAS EQUIPES NO CAMPEONATO DE FUTEBOL

NÚMERO DE PONTOS: ROSA 800, AZUL 600, VERDE 700, AMARELO 300

DADOS FORNECIDOS PELA ORGANIZAÇÃO DO CAMPEONATO.

A. REGISTRE NA TABELA ABAIXO A PONTUAÇÃO DE CADA EQUIPE NESSA COMPETIÇÃO E RESPONDA ÀS QUESTÕES.

PONTUAÇÃO DAS EQUIPES NO CAMPEONATO DE FUTEBOL

EQUIPE	NÚMERO DE PONTOS
ROSA	800
AZUL	
VERDE	
AMARELO	

DADOS FORNECIDOS PELA ORGANIZAÇÃO DO CAMPEONATO.

B. QUAL EQUIPE FEZ MAIS PONTOS? _____

C. QUANTOS PONTOS A EQUIPE ROSA FEZ A MAIS QUE A EQUIPE AZUL? _____

D. VOCÊ ACHA MAIS FÁCIL RESPONDER À PERGUNTA DO ITEM **B** OBSERVANDO A TABELA OU O GRÁFICO? E A PERGUNTA DO ITEM **C**? CONVERSE COM OS COLEGAS E O PROFESSOR.

APRENDER SEMPRE

1 REPRESENTE NOS ÁBACOS O ANTECESSOR E O SUCESSOR DE CADA UM DOS NÚMEROS.

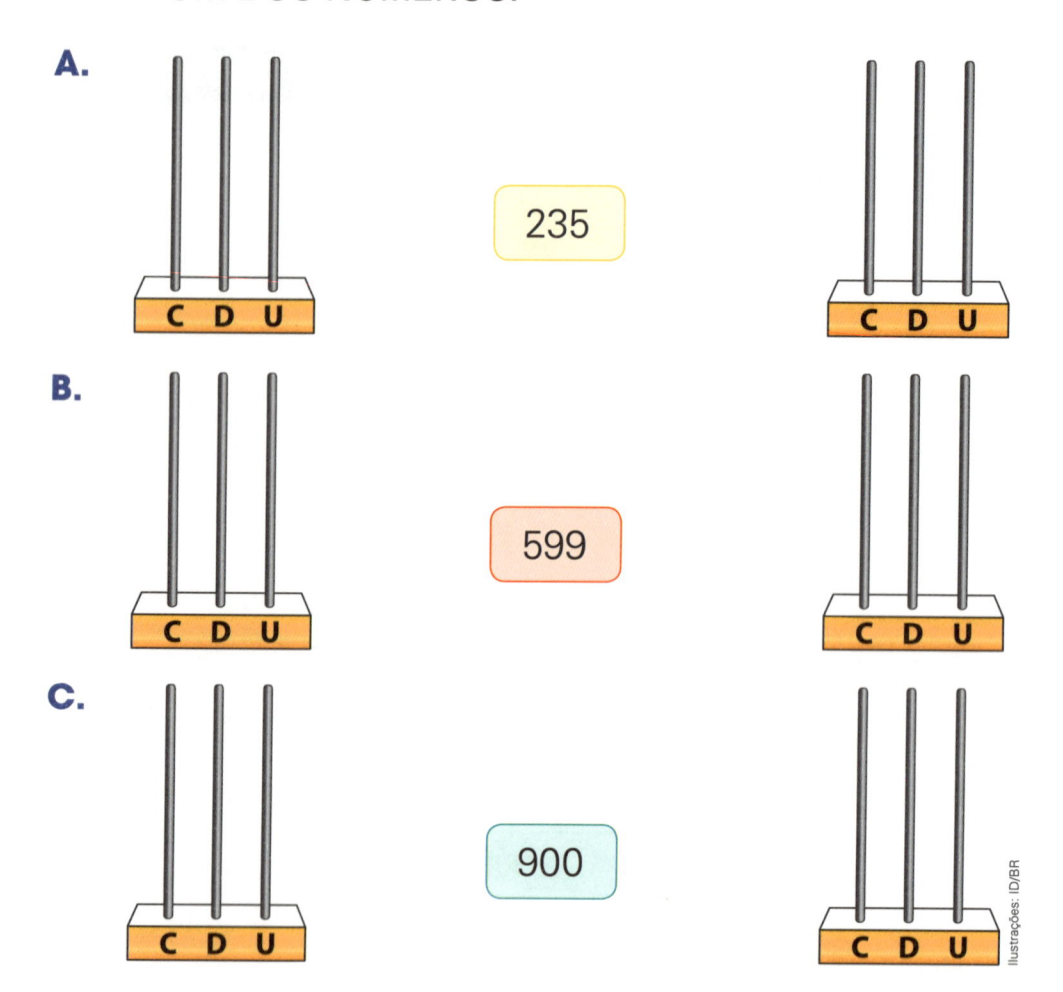

A. 235

B. 599

C. 900

2 COMPLETE A CRUZADINHA COM OS NÚMEROS INDICADOS.

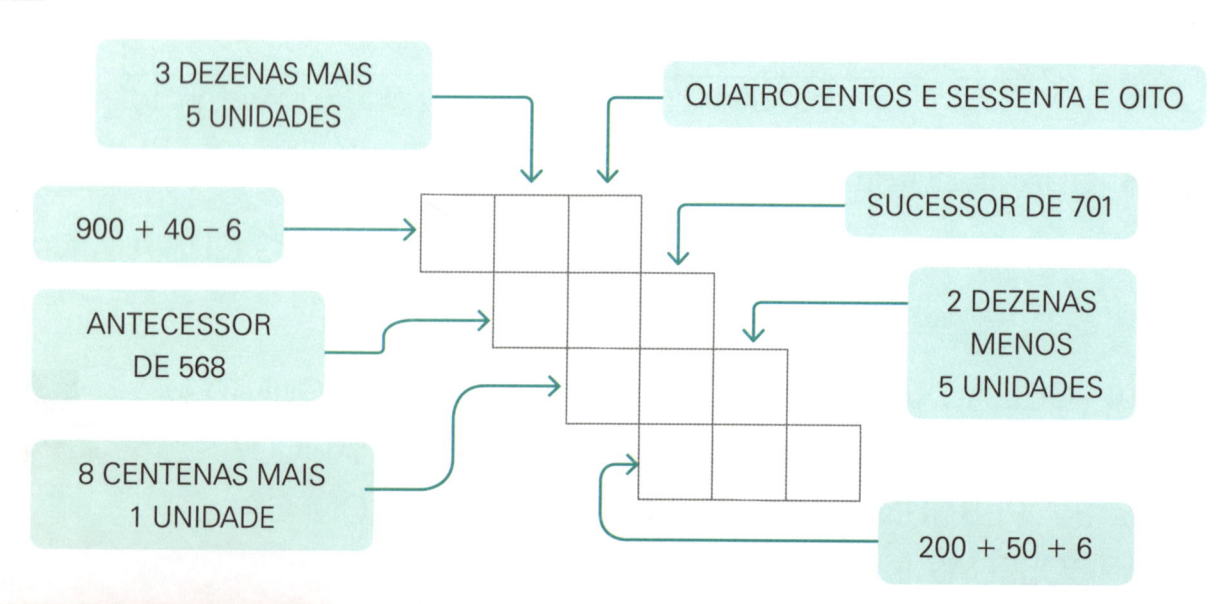

- 3 DEZENAS MAIS 5 UNIDADES
- QUATROCENTOS E SESSENTA E OITO
- 900 + 40 − 6
- SUCESSOR DE 701
- ANTECESSOR DE 568
- 2 DEZENAS MENOS 5 UNIDADES
- 8 CENTENAS MAIS 1 UNIDADE
- 200 + 50 + 6

116 CENTO E DEZESSEIS

3 OBSERVE O DIÁLOGO ENTRE PEDRO E FLÁVIA E COMPLETE.

> 9 + 1 = 10, ENTÃO, O SUCESSOR DE 9 É 10.

> 99 + 1 = 100, ENTÃO, O SUCESSOR DE 99 É 100.

999 + 1 = 1 000. ENTÃO, O SUCESSOR DE 999 É _____.

4 UMA BIBLIOTECA TEM 300 LIVROS DE LITERATURA, 20 LIVROS DE IDIOMAS E 7 LIVROS DE CULINÁRIA.

A. QUAL É O TOTAL DE LIVROS DESSA BIBLIOTECA? _____

B. VOCÊ COSTUMA LER LIVROS? DE QUE TIPO DE LIVRO VOCÊ MAIS GOSTA? CONTE AOS COLEGAS E AO PROFESSOR.

5 ESCREVA COMO SE LÊ CADA UM DOS NÚMEROS ABAIXO.

A. 468: _____

B. 726: _____

C. 615: _____

6 O ALGARISMO 6 TEM O MESMO VALOR EM CADA NÚMERO DA ATIVIDADE **5**? POR QUÊ?

7 OBSERVE A SEQUÊNCIA ABAIXO E ESCREVA QUAL É SUA REGRA.

210 230 250 270 290 310 330 350

CAPÍTULO 5

Localização e movimentação

Juliana queria mostrar parte do bairro onde ela mora a uma colega. Então, ela fez um esquema para representar parte de seu bairro.

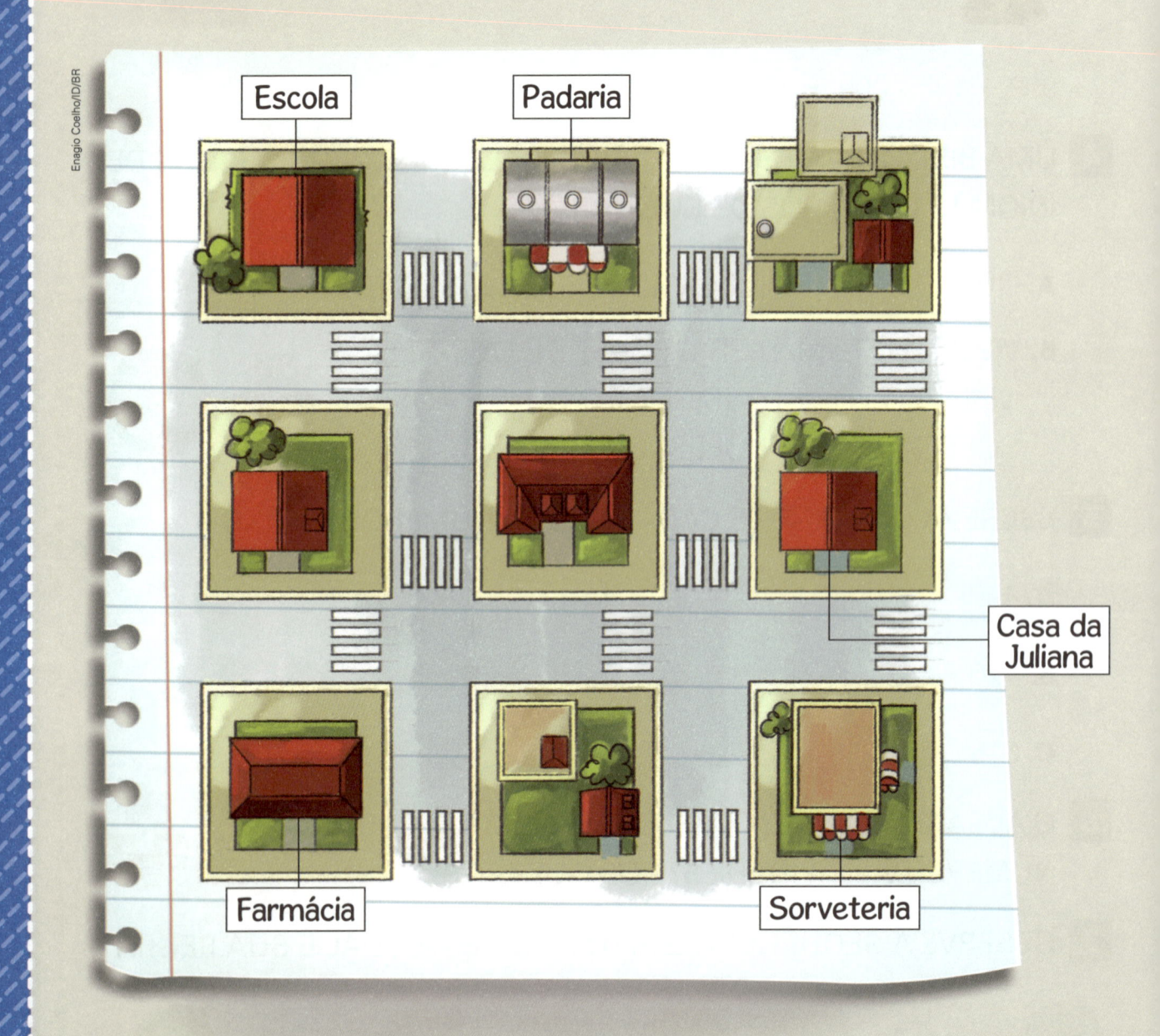

- Você já viu ou fez algum esquema parecido com o que Juliana fez? Como você acha que ela pensou para fazer esse esquema?

- Que lugares estão representados no esquema?

Localização

1 Beatriz organizou alguns brinquedos na estante da brinquedoteca.

a. Que brinquedos estão acima dos carrinhos?
_____

b. Que brinquedos estão entre os robôs e as petecas?
_____

2 Observe a cena abaixo.

a. Marque com um **X** o gato que está embaixo da cadeira.

b. Qual é a cor da camiseta da menina que está à esquerda do menino de camiseta vermelha? _____

3 Observe a cena abaixo e faça o que se pede.

a. Qual é a cor das penas da peteca que está embaixo do banco?

_____

b. Qual é a cor da camiseta da terceira criança que está na fila do bebedouro? _____

c. Qual é a cor da camiseta da criança que está à direita do menino de camiseta azul no gira-gira? _____

4 Observe a sala de aula.

a. Quem senta à esquerda de Válter e atrás de Diego? _____

b. Quem senta à direita de Célia e na frente de Selma? _____

c. Indique a localização da carteira de Armando.

_____

d. Indique a localização da carteira de Priscila.

_____

5 Observe os armários abaixo.

Agora, leia o que as crianças estão falando e descubra a cor do armário de cada uma.

> Meu armário está na 1ª fileira de cima para baixo e na 3ª fileira da esquerda para a direita.

Viviane

> Meu armário está na 2ª fileira de cima para baixo e na 3ª fileira da direita para a esquerda.

Artur

> Meu armário está na 3ª fileira de cima para baixo e na 2ª fileira da esquerda para a direita.

Paulo

a. A cor do armário de Viviane é _____.

b. A cor do armário de Artur é _____.

c. A cor do armário de Paulo é _____.

6 Observe os armários da atividade **5** e indique a localização do armário branco.

_____

_____

_____

_____

7 Observe a cozinha de Lucas e, ao lado, a representação da cozinha em planta baixa.

Cozinha de Lucas

Planta baixa da cozinha

Considerando a planta baixa da cozinha, faça o que se pede.

a. Escreva dois dos objetos que estão representados.

_____

b. Marque com um **X** o fogão.

c. Contorne o armário.

8 Desenhe no caderno a planta baixa do seu quarto. Depois, mostre-a a um colega e peça a ele que localize a porta e alguns objetos, como a cama ou o guarda-roupa.

cento e vinte e três **123**

Movimentação

1 Observe o esquema que Denise fez para representar parte de seu bairro.

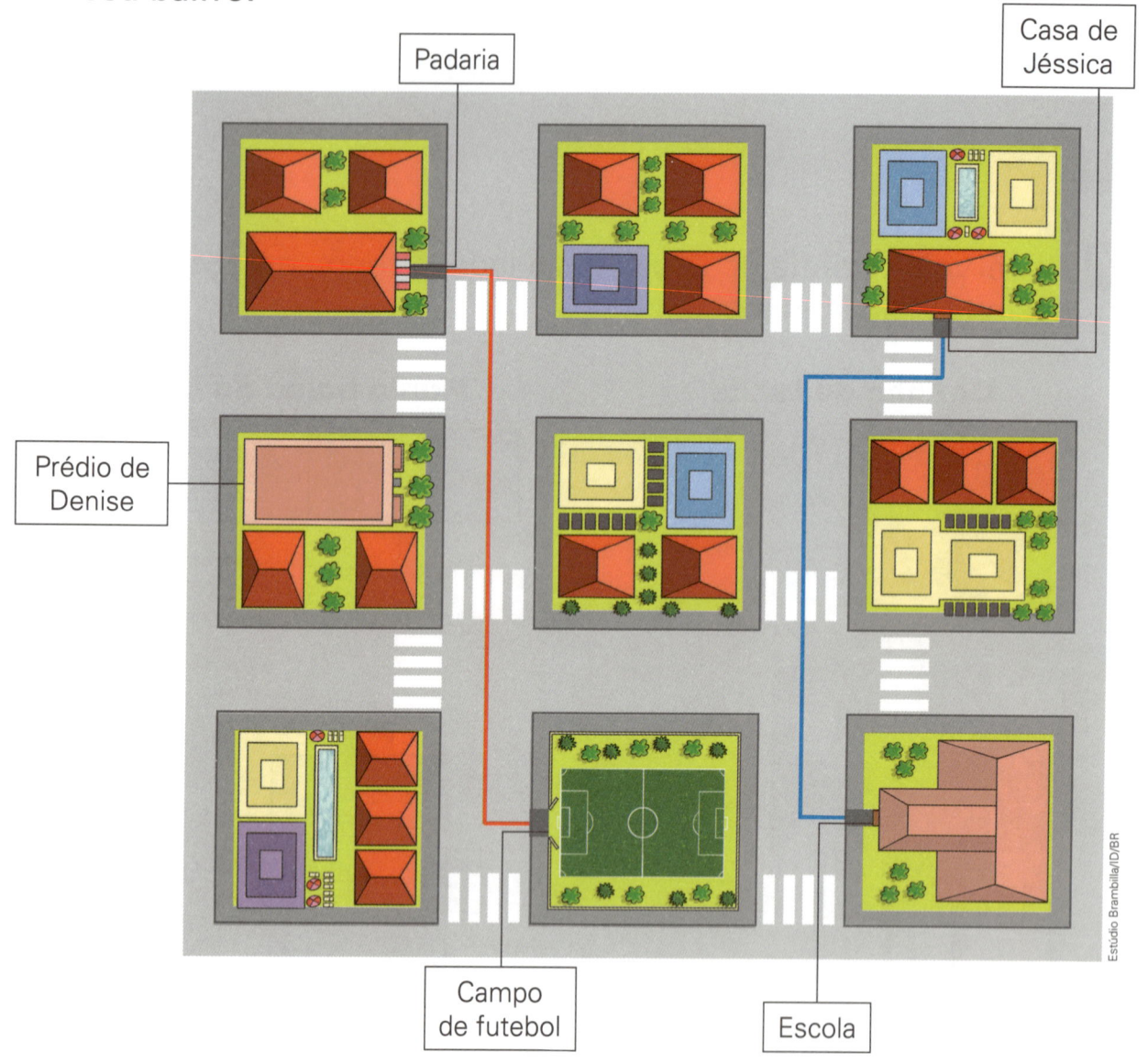

Padaria

Casa de Jéssica

Prédio de Denise

Campo de futebol

Escola

a. Que lugares Denise identificou nesse esquema?

_____

_____

b. Denise traçou no esquema dois caminhos que ela fez hoje. Qual é a cor do caminho que ela fez para ir da escola até a casa de Jéssica? _____

c. Um dos caminhos que Denise traçou sai da padaria e chega a que lugar? _____

2 Ana está na casa de Rita. Ela irá para casa, mas antes quer passar na padaria.

Casa de Ana

Casa de Rita   Padaria

a. Trace um caminho que Ana pode fazer saindo da casa de Rita e chegando na sua casa. Mas lembre-se de que ela quer passar na padaria antes de chegar em casa.

b. Agora, compare o caminho que você traçou com o de um colega e responda: Vocês traçaram o mesmo caminho?

3 Marcos saiu de sua casa, passou pela escola e caminhou até a praça. Trace dois caminhos diferentes que ele pode ter feito de acordo com essa descrição.

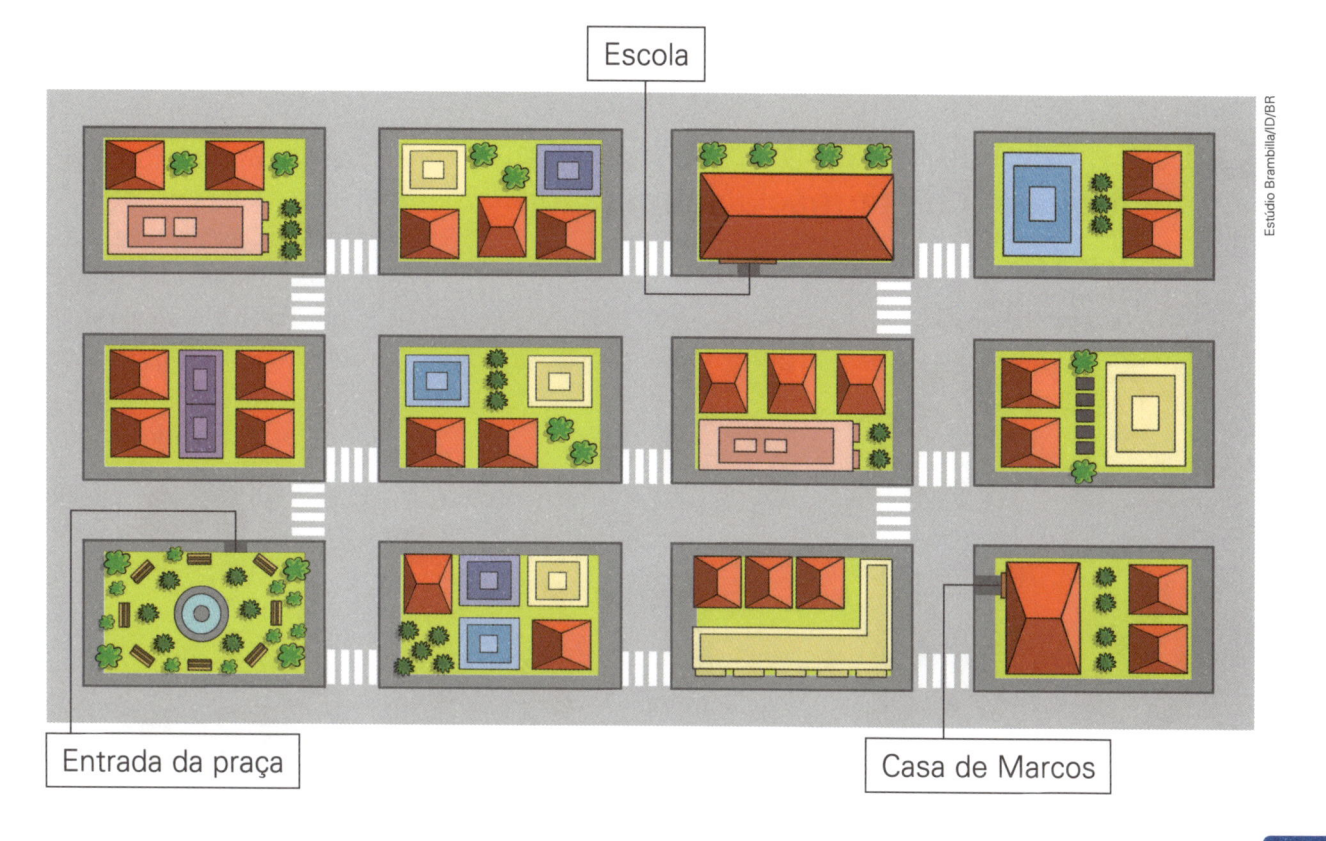

Escola

Entrada da praça   Casa de Marcos

cento e vinte e cinco **125**

4 Veja o caminho que Bruna faz com o pai dela para ir à escola.

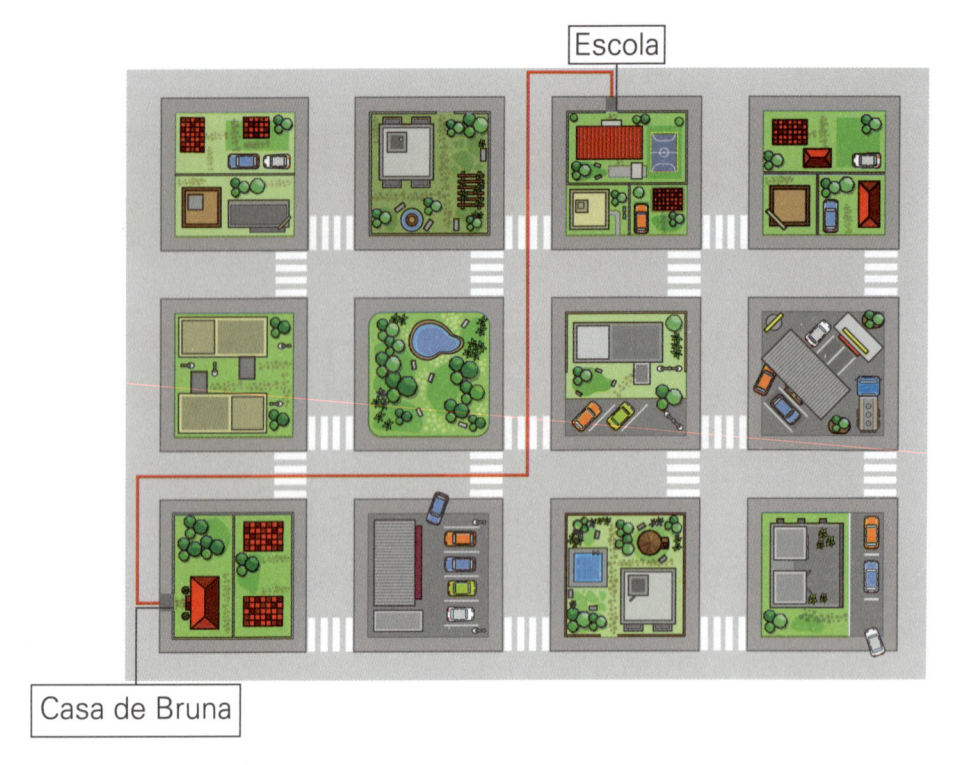

Escola

Casa de Bruna

■ Complete a descrição do caminho que Bruna faz para ir à escola.

Bruna sai de sua casa, vira à direita e segue em frente. Em seguida, vira na 1ª rua à _____, segue em frente e vira na 2ª rua à esquerda. Depois, segue em frente, vira na _____ rua à direita e chega à escola.

5 Leia o que Pedro diz e trace o trajeto que ele fez para ir da farmácia ao mercado.

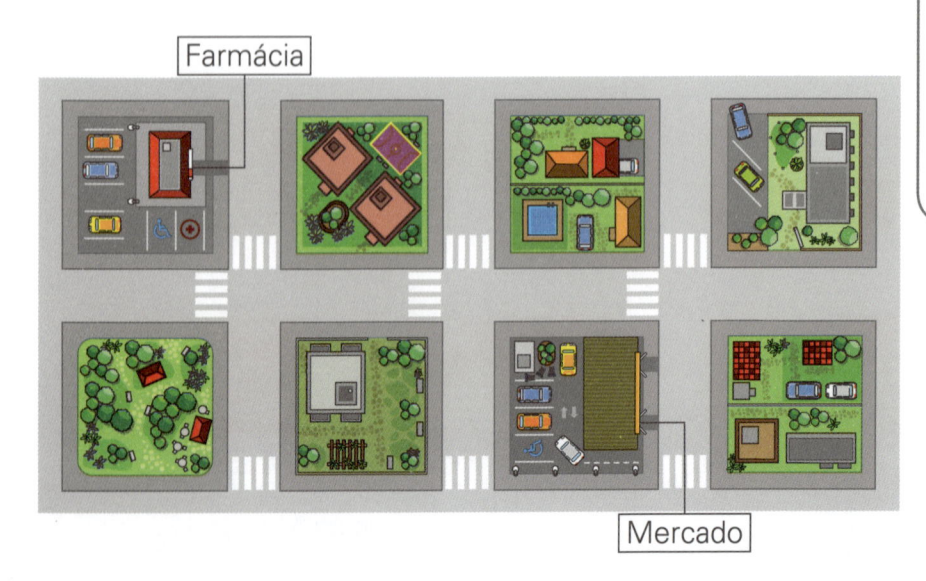

Farmácia

Mercado

> Saí da farmácia, virei à direita e segui em frente. Depois, virei na 1ª rua à esquerda, segui em frente e virei na 2ª rua à direita. Segui em frente e cheguei ao mercado.

6 Luciana e Rodrigo saíram do parque e foram até o mercado.

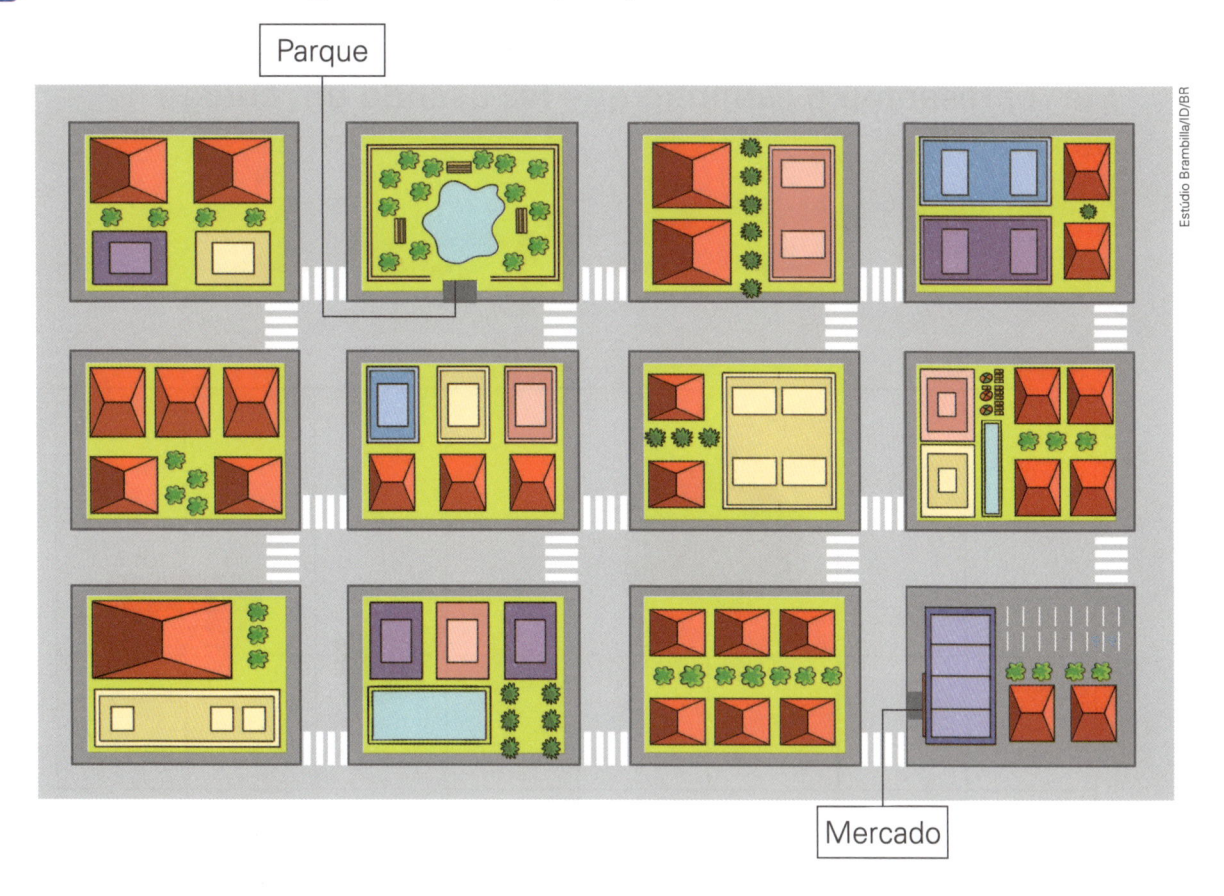

Parque

Mercado

Observe a descrição do caminho que cada um fez e faça o que se pede.

> Saí do parque, virei à esquerda e segui em frente. Depois, virei na 2ª rua à direita, segui em frente e cheguei ao mercado.

> Saí do parque, virei à esquerda e segui em frente. Virei na 1ª rua à direita e segui em frente. Virei na 1ª rua à esquerda e segui em frente. Depois, virei na 1ª rua à direita, segui em frente e cheguei ao mercado.

a. Trace de verde o caminho que Luciana fez.

b. Trace de vermelho o caminho que Rodrigo fez.

Movimentação na malha

1 Joaquim estava no parque e andou até o bebedouro. Ele representou o caminho que fez usando um código de setas. Veja.

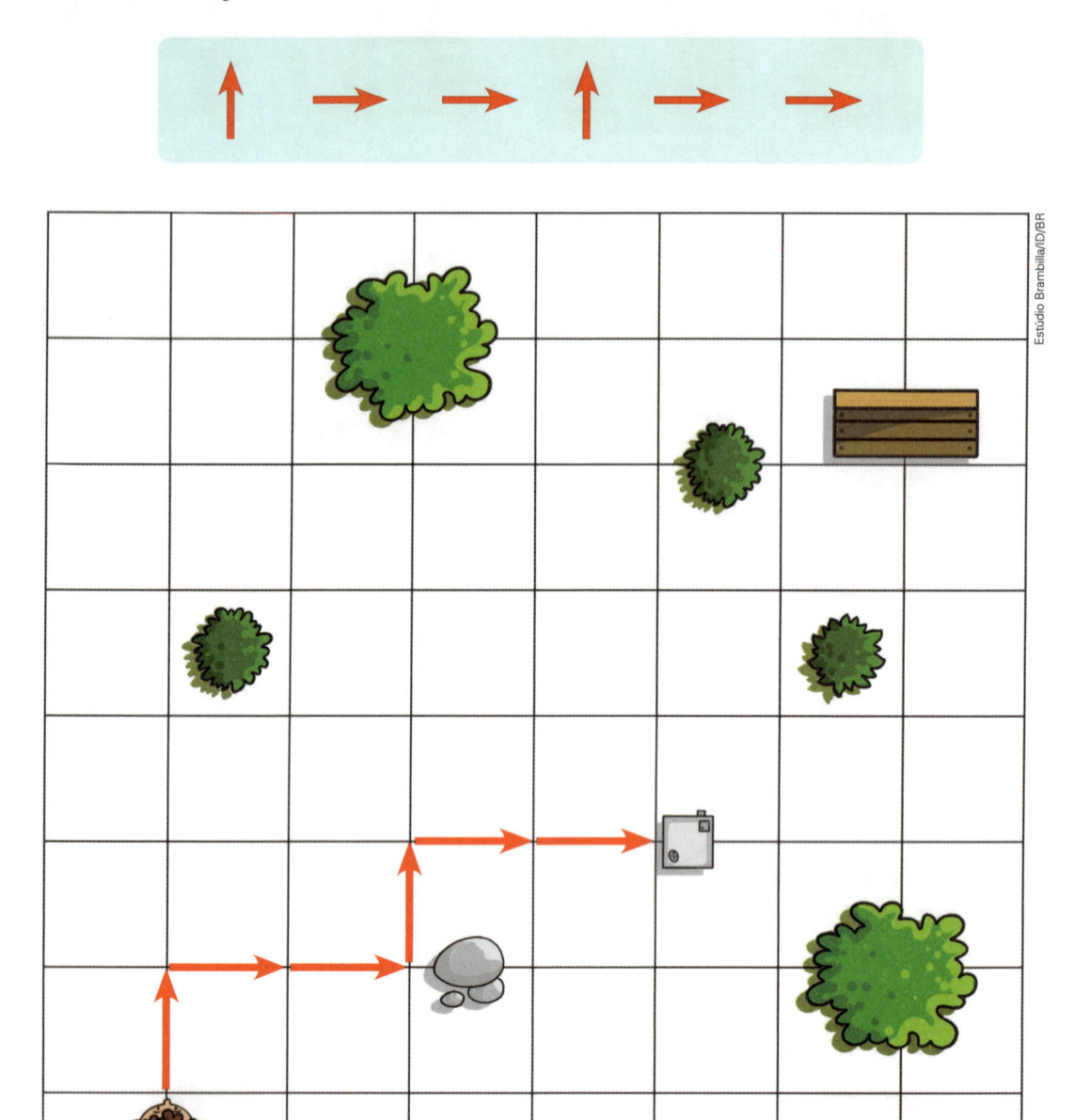

↑ → → ↑ → →

- Observe o código abaixo e represente na malha o caminho que Joaquim fez para ir do bebedouro até o banco.

↑ ↑ → → ↑

2 Observe o caminho que a vaca fez para ir até a árvore.

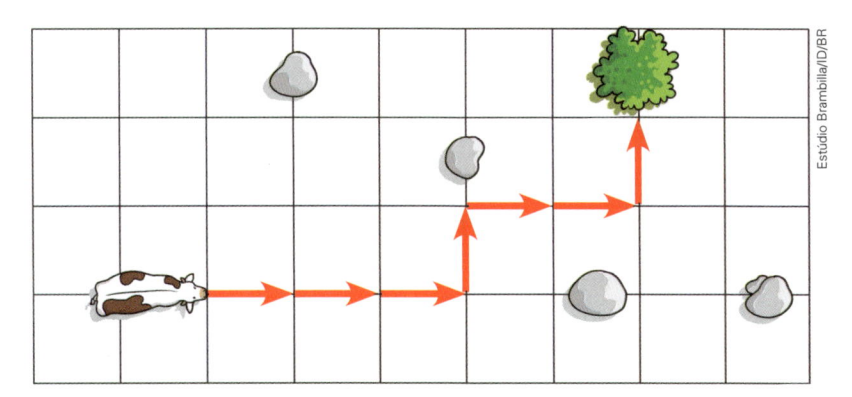

a. O código abaixo representa parte do caminho que a vaca fez. Complete-o de acordo com o caminho representado na malha.

→ → →

b. Usando setas, desenhe na malha quadriculada outro caminho que a vaca poderia ter feito para ir do ponto em que estava até a árvore. Depois, desenhe o código que representa o caminho que você fez.

3 Usando um lápis, trace o caminho indicado no código abaixo para fazer um desenho na malha quadriculada ao lado. Comece pelo ponto vermelho.

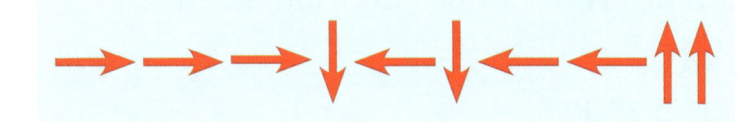

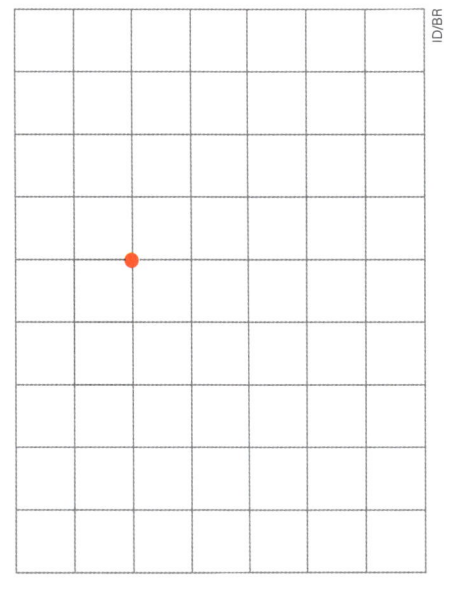

→ → → ↓ ← ↓ ← ← ↑ ↑

■ Compare seu desenho com o de um colega. Vocês obtiveram a mesma figura?

cento e vinte e nove

Tratamento da informação

Ler e interpretar dados em tabela de dupla entrada

1 Ricardo, o professor de Educação Física, pediu aos alunos do 2º ano que escolhessem qual esporte eles preferem praticar: futebol ou vôlei. Veja.

Futebol		Vôlei	
André	Luciano	Ana	Júlio
Andressa	Márcia	Caio	Luís
Bruna	Mariana	Daniela	Renata
Daniel	Reginaldo	Fernanda	Tânia
Felipe	Vítor	Flávia	Viviane
Leandro		Isadora	

O professor fez uma contagem e registrou os números em uma tabela.

Preferência dos alunos do 2º ano

	Futebol	Vôlei
Meninos	7	3
Meninas	4	8

Dados obtidos pelo professor Ricardo.

a. Contorne, na tabela, o número de meninos que preferem jogar futebol.

b. Na tabela, marque com um **X** o número de meninas que preferem jogar vôlei.

c. Complete as sentenças a seguir.

O número 3 na tabela representa o número de _____ que preferem jogar _____.

O número 4 na tabela representa o número de _____ que preferem jogar _____.

2 Os alunos do 2º ano foram visitar uma exposição. Esta tabela mostra quantos alunos de cada sala foram a essa exposição.

Número de alunos que foram à exposição

	Meninos	Meninas
2º A	11	13
2º B	13	14
2º C	12	12

Dados obtidos pela escola.

a. Quantos meninos do 2º A foram à exposição? _____

b. Quantas meninas do 2º B foram à exposição? _____

c. Quantos alunos do 2º C foram à exposição?

_____

d. Ao todo, quantas meninas foram à exposição? Veja como Marina e Paula resolveram esse problema.

Primeiro, eu adicionei 13 e 14 e obtive 27. Depois, juntei 27 com 12 e obtive 39.

```
 13    27
+14   +12
 27    39
```

Eu adicionei primeiro as unidades e depois as dezenas.

```
 13
 14
+12
 39
```

Foram à exposição _____ meninas ao todo.

e. Ao todo, quantos meninos foram à exposição? _____

Pessoas e lugares

Jogos indígenas

Assim como em seus momentos de lazer você joga futebol, queimada, vôlei, etc., as crianças indígenas também têm jogos dos quais gostam de participar.

Essas páginas apresentam dois jogos do povo indígena Kalapalo. Esse povo vive no Parque Indígena do Xingu, no Mato Grosso.

Ta

Para esse jogo utiliza-se um brinquedo cujo nome é o mesmo do jogo: *Ta*. Esse brinquedo é uma roda de palha coberta com cortiça de embira, uma árvore típica da região do Cerrado.

O jogo é disputado por duas equipes com o mesmo número de jogadores.

Um dos integrantes de uma das equipes é o lançador. Ele joga o *Ta* pelo ar na direção da equipe adversária. Quando o *Ta*, rodando, encosta no chão, os integrantes da equipe adversária tentam acertá-lo com suas flechas.

Se ninguém acertar, as equipes trocam de posição. Se alguém acertar, o time que acertou continua na posição de tentar acertar e a outra equipe perde o lançador, que é substituído por outro jogador. Ganha a equipe que tiver acertado mais vezes o *Ta*.

Jogador se preparando para arremessar o *Ta*. Parque Indígena do Xingu, Mato Grosso. Foto de 2006.

Jogadores em uma partida de *Ta*. Parque Indígena do Xingu, Mato Grosso. Foto de 2006.

Heiné kuputisü

Para este jogo, é traçada na terra uma linha de partida e uma linha de chegada.

O participante deve correr em um pé só da linha de partida até a linha de chegada.

Se ele conseguir alcançar sua meta, será considerado um vencedor. Se não conseguir, quer dizer que ele precisa treinar mais.

A velocidade não é importante, mas todos tentam alcançar a linha de chegada o mais rápido possível.

A competição pode ser individual ou por equipes. Se a competição for por equipes, a corrida é feita em duplas e cada corredor representa um time. Vence o time em que mais corredores tiverem conseguido alcançar a linha de chegada.

Informações obtidas em: Mirim povos indígenas no Brasil. Disponível em: <https://mirim.org/como-vivem/brincadeiras>. Acesso em: 16 out. 2017.

Menino correndo em uma partida de *Heiné kuputisü*. Parque Indígena do Xingu, Mato Grosso. Foto de 2006.

1. Você já tinha ouvido falar do povo indígena Kalapalo? Em que situação?

2. Você conhece algum outro povo indígena? Qual?

3. Que tal brincar de *Heiné kuputisü* de uma maneira diferente? Para isso, organizem-se em duplas. Um dos colegas deve ser o corredor, que vai correr em um pé só. O outro colega deve ditar instruções para seguir o percurso, como: dê um passo para a direita, siga em frente, vire à esquerda, etc. Todos aqueles que conseguirem cruzar a linha de chegada seguindo os comandos do colega serão vencedores.

Aprender sempre

1 Carla vai ao mercado. Antes, ela vai passar no centro de reciclagem para deixar os materiais recicláveis que separou.

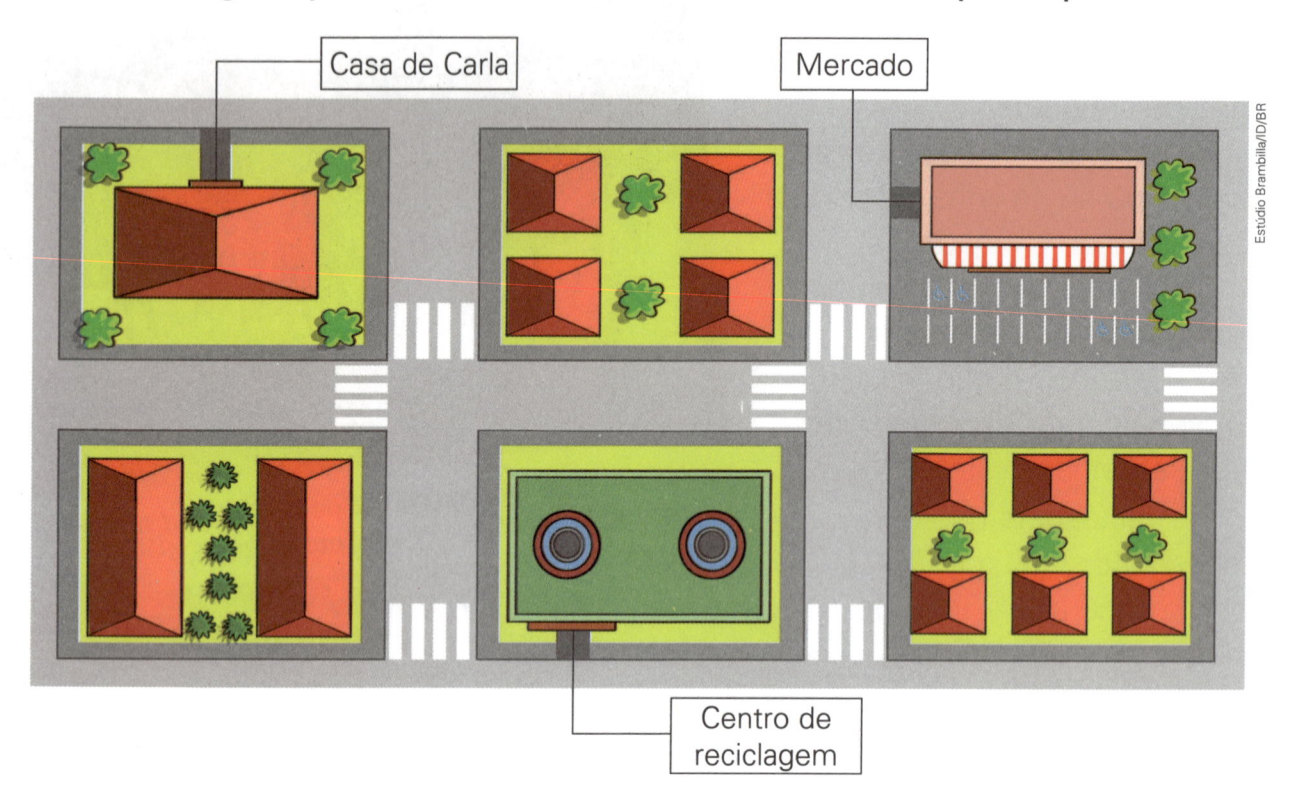

Casa de Carla — Mercado — Centro de reciclagem

a. Trace um caminho que Carla pode ter feito para ir da casa dela até o mercado, passando pelo centro de reciclagem.

b. Descreva o caminho que você traçou no item **a**.

_____
_____
_____
_____

c. Você acha importante separar os tipos de lixo para que eles sejam reciclados? Por quê? Converse com os colegas e o professor.

No jogo "Reciclagem legal", ajude as crianças a limpar a praia separando o lixo reciclável.
Disponível em: <http://www.turmacoc.com.br/paginas/jogos/educativo/reciclagem-legal/>. Acesso em: 3 nov. 2017.

2 Edu vai à escola de bicicleta. Veja dois caminhos que ele pode fazer.

a. Qual é a cor do caminho mais curto? _____

b. Descreva esse caminho. _____
_____
_____

3 Veja o caminho indicado no código abaixo.

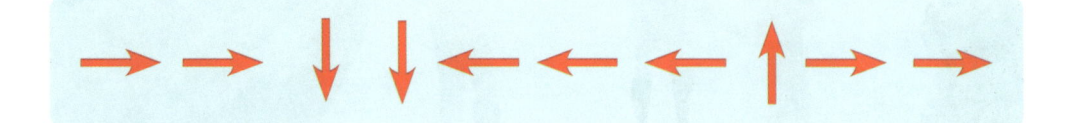

■ Em qual das malhas abaixo o traçado corresponde a esse caminho, partindo do ponto verde? Marque com um **X** a resposta correta.

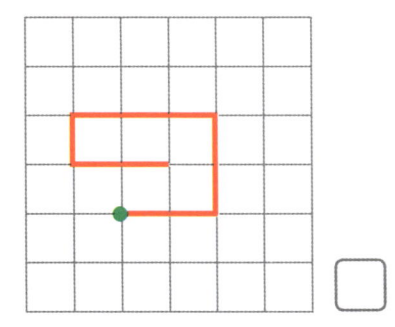

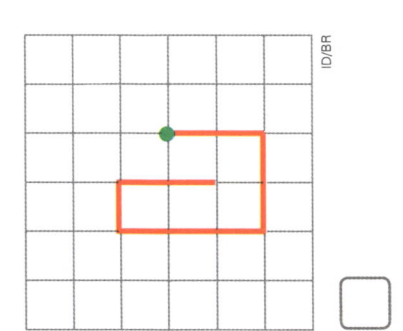

CAPÍTULO 6

Mais adição e subtração

Orlando foi ao zoológico com os pais para conhecer alguns animais. Lá, ele se deparou com uma placa e ficou impressionado com a informação sobre a quantidade de aves que existem no local.

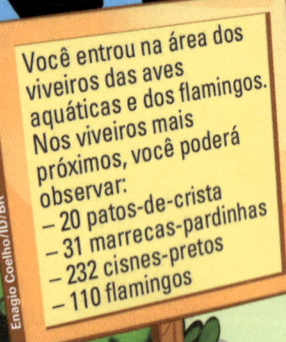

Você entrou na área dos viveiros das aves aquáticas e dos flamingos. Nos viveiros mais próximos, você poderá observar:
— 20 patos-de-crista
— 31 marrecas-pardinhas
— 232 cisnes-pretos
— 110 flamingos

▸ Qual das aves citadas há em maior quantidade?

▸ No total, quantos são os patos-de-crista e as marrecas-pardinhas?

▸ Há quantos cisnes-pretos a mais que flamingos?

▸ Ao todo, quantas aves há nesse zoológico? Explique aos colegas e ao professor como você pensou para responder a essa pergunta.

Adições e subtrações com o ábaco

1 Na biblioteca da escola, há uma estante com livros de aventuras e de contos de fadas. Observe a ilustração ao lado e complete o texto.

Na estante, há _____ livros de aventuras e _____ livros de contos de fadas.

Podemos calcular o total de livros da estante adicionando o número de livros de aventuras e o número de livros de contos de fadas, isto é, calculando 13 + 11. Veja como Caio fez esse cálculo usando um ábaco.

> Primeiro, representei o número 13 no ábaco.

> Para adicionar o número 11 ao número 13, vou colocar 1 argola no pino das dezenas e 1 argola no pino das unidades.

> Agora, verifico o número representado no ábaco para saber o resultado da adição 13 + 11.

a. Quantas argolas Caio colocou no pino das dezenas para representar o número 13? E no pino das unidades?

_____

b. Quantas argolas ficaram no pino das dezenas depois de Caio adicionar ao número 13 o número 11? E quantas argolas ficaram no pino das unidades?

_____

c. Complete com o resultado: 13 + 11 = _____

cento e trinta e sete

2 Observe como Beatriz fez uma adição usando o ábaco.

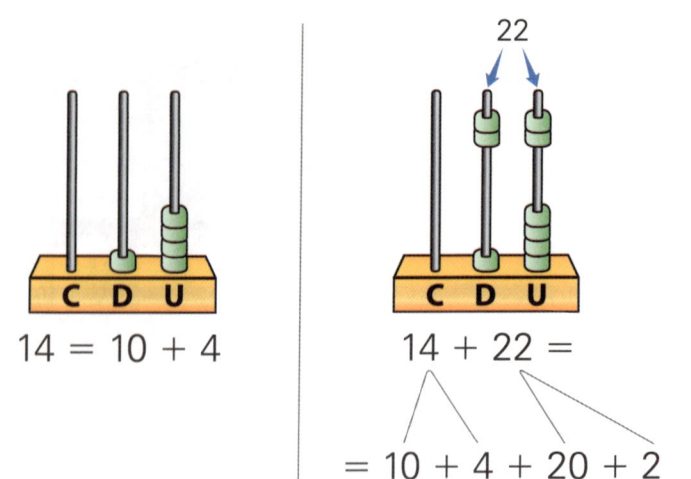

14 = 10 + 4

14 + 22 =
= 10 + 4 + 20 + 2

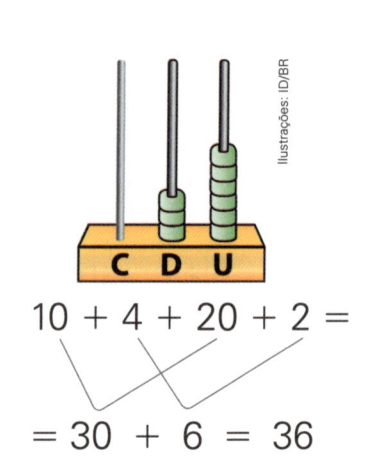

10 + 4 + 20 + 2 =
= 30 + 6 = 36

Agora, faça como Beatriz, observe os ábacos e complete as adições correspondentes.

a.

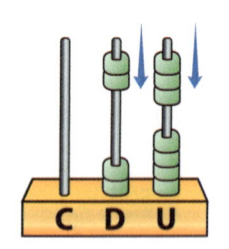

24 + 23 =
= 20 + 4 + 20 + 3 =
= 40 + 7 = ___

b.

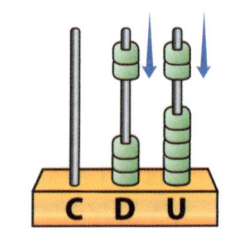

35 + 22 =
= 30 + 5 + 20 + 2 =
= ___ + ___ = ___

c.

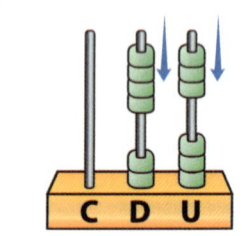

23 + 43 =
= 20 + 3 + 40 + 3 =
= ___ + ___ = ___

3 Valéria vai calcular o resultado da adição 32 + 27 usando o ábaco. Ajude-a a encontrar esse resultado desenhando em cada etapa as argolas que faltam e escrevendo o resultado final.

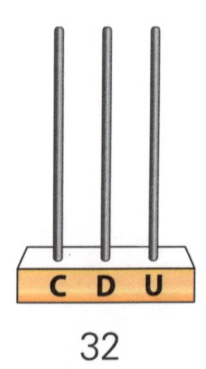

32

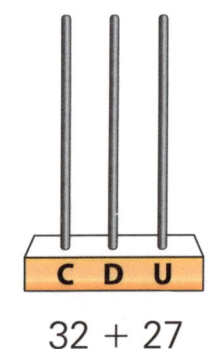

32 + 27

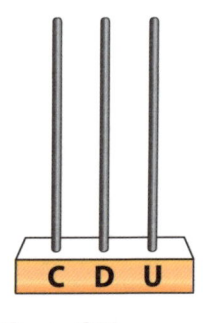

32 + 27 = ___

4 Para calcular o resultado de 38 − 13, Aline usou um ábaco. Veja como ela fez.

- Primeiro, representei o número 38 no ábaco.
- Depois, tirei 13 de 38, ou seja, 3 argolas do pino das unidades e 1 argola do pino das dezenas.
- Ficaram 2 argolas no pino das dezenas e 5 argolas no pino das unidades. Então, 38 − 13 = 25.

■ Agora, veja como Aline calculou o resultado de outra subtração usando o ábaco e complete as sentenças.

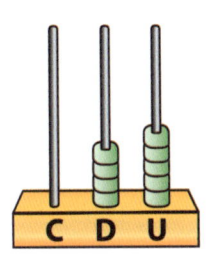

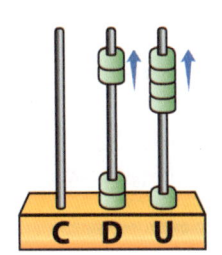

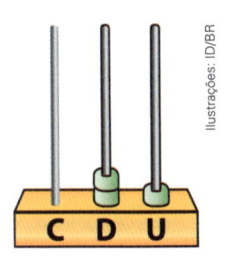

Primeiro, representei no ábaco o número _____. Depois, tirei 24 de _____, ou seja, _____ argolas do pino das unidades e _____ argolas do pino das dezenas.

Fiquei com _____ argolas no pino das dezenas e _____ argola no pino das unidades. Então, 45 − _____ = _____.

5 Observe as mudanças feitas em um ábaco e escreva a operação realizada.

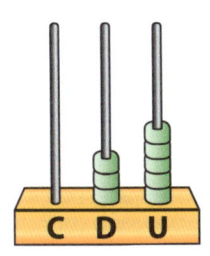

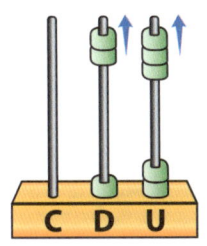

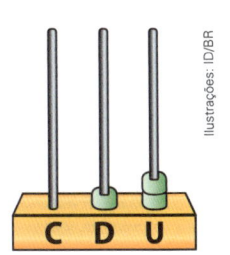

Algoritmos para a adição

1 O tio de Osvaldo cria cachorros em um sítio. Ele tinha 23 cachorros e nasceram mais 15 filhotes. Veja como Osvaldo calculou o total de cachorros que o tio dele tem usando o algoritmo da decomposição.

> Fiz a decomposição de 23 em 20 + 3 e a decomposição de 15 em 10 + 5.

> Depois, fiz as adições: 20 + 10 = 30 e 3 + 5 = 8 e adicionei o resultado dessas adições. Então, 23 + 15 = 38.

```
  23 ▸  20 + 3
+ 15 ▸  10 + 5
        ―――――
        30 + 8 = 38
```

Faça como Osvaldo e resolva as adições a seguir usando o algoritmo da decomposição.

a. 32 + 27 = _____

32 ⇨ [+   ]
   +
27 ⇨ [+   ]
     ―――――――――
     [+   ] = [   ]

b. 46 + 51 = _____

46 ⇨ [+   ]
   +
51 ⇨ [+   ]
     ―――――――――
     [+   ] = [   ]

2 Veja como Gabriela utilizou o algoritmo usual para calcular o total de livros de ficção da biblioteca da escola em que estuda.

> No início do ano, havia 42 livros de ficção e, ao longo do ano, foram adquiridos mais 25 livros. Para calcular o total de livros, juntei unidades com unidades e dezenas com dezenas.

> 2 + 5 = 7 e 4 + 2 = 6. Então, 42 + 25 = 67.

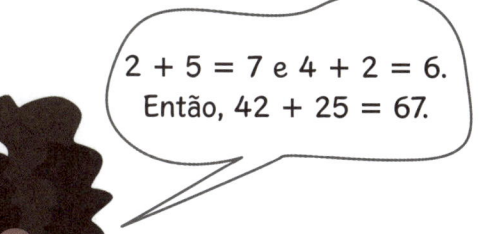

```
 D U
 4 2
+2 5
-----
 6 7
```

Faça como Gabriela e resolva as adições a seguir utilizando o algoritmo usual.

a. 13 + 12 = _____

```
  D U
  1 3
+ 1 2
-----
```

b. 12 + 36 = _____

```
  D U
  1 2
+ 3 6
-----
```

c. 33 + 43 = _____

```
  D U
  3 3
+ ___
-----
```

d. 25 + 11 = _____

```
  D U
  2 5
+ ___
-----
```

e. 43 + 22 = _____

```
  D U
  ___
+ ___
-----
```

f. 36 + 52 = _____

```
  D U
  ___
+ ___
-----
```

cento e quarenta e um

Algoritmos para a subtração

1 Joaquim tinha 38 selos em sua coleção e decidiu dar 12 para a irmã, que também quer fazer uma coleção de selos. Joaquim usou o algoritmo da decomposição para calcular com quantos selos sua coleção vai ficar. Observe.

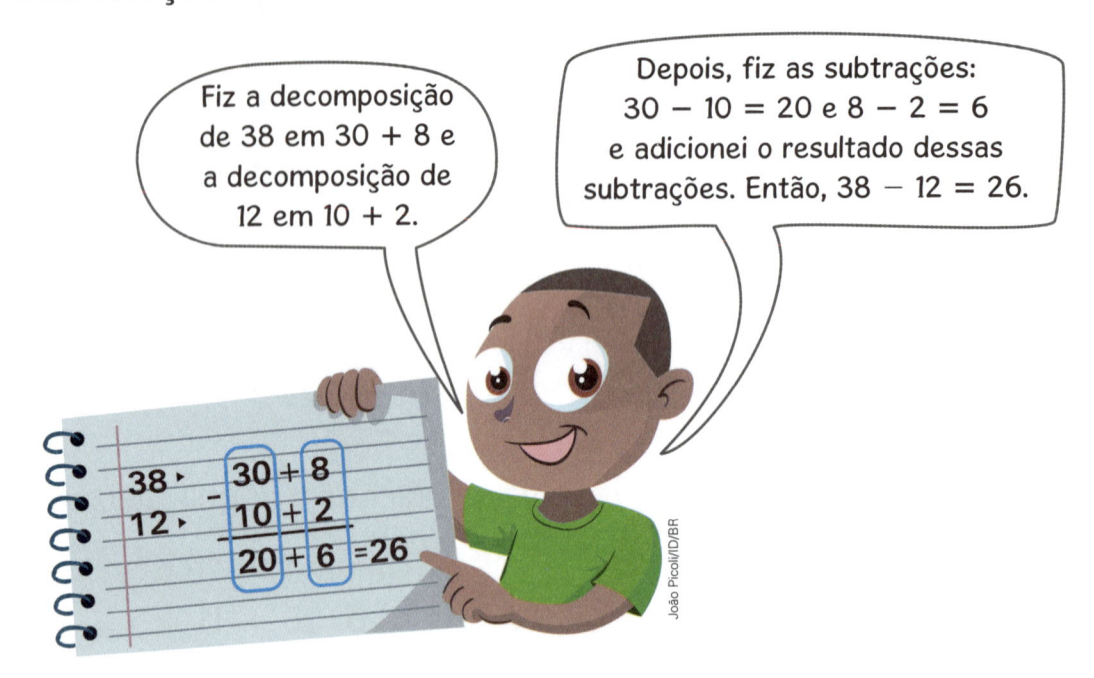

Fiz a decomposição de 38 em 30 + 8 e a decomposição de 12 em 10 + 2.

Depois, fiz as subtrações: 30 − 10 = 20 e 8 − 2 = 6 e adicionei o resultado dessas subtrações. Então, 38 − 12 = 26.

```
38 ▸   30 + 8
12 ▸ − 10 + 2
       20 + 6 = 26
```

Faça como Joaquim e resolva as subtrações a seguir usando o algoritmo da decomposição.

a. 49 − 32 = _____

49 ⇨ ☐ + ☐
−
32 ⇨ ☐ + ☐
─────────────
☐ + ☐ = ☐

b. 68 − 24 = _____

68 ⇨ ☐ + ☐
−
24 ⇨ ☐ + ☐
─────────────
☐ + ☐ = ☐

2 Quantos anos o pai de Vitória tem a mais que ela? Leia o que Vitória diz e veja como ela utilizou o algoritmo usual para fazer esse cálculo.

> Eu sou a Vitória e tenho 11 anos. Meu pai se chama Ivan e tem 47 anos.

> Para saber quantos anos meu pai tem a mais que eu, vou calcular o resultado de 47 − 11, tirando unidades de unidades e dezenas de dezenas:
> 7 − 1 = 6 e 4 − 1 = 3. Então, 47 − 11 = 36. Meu pai tem 36 anos a mais que eu.

D	U
4	7
- 1	1
3	6

Faça como Vitória e calcule o resultado das subtrações a seguir com o algoritmo usual.

a. 86 − 32 = _____

D	U
8	6
- 3	2

b. 68 − 47 = _____

D	U
6	8

c. 99 − 27 = _____

D	U

Mais adição e subtração

1 A escola de Cláudia organizou uma corrida para as famílias dos estudantes e moradores do bairro. Observe a tabela com o número de inscritos nessa corrida.

Número de inscritos (por faixa etária)

Faixa etária	De 14 a 20 anos	De 21 a 45 anos	De 46 a 60 anos	Acima de 60 anos
Número de inscritos	208	435	224	105

Dados obtidos pela escola.

a. Como você faria para calcular o número de inscritos com idade entre 21 e 60 anos? Converse com os colegas e o professor.

b. Para descobrir o número de inscritos com idade entre 21 e 60 anos, Cláudia usou um ábaco. Observe como ela fez e complete.

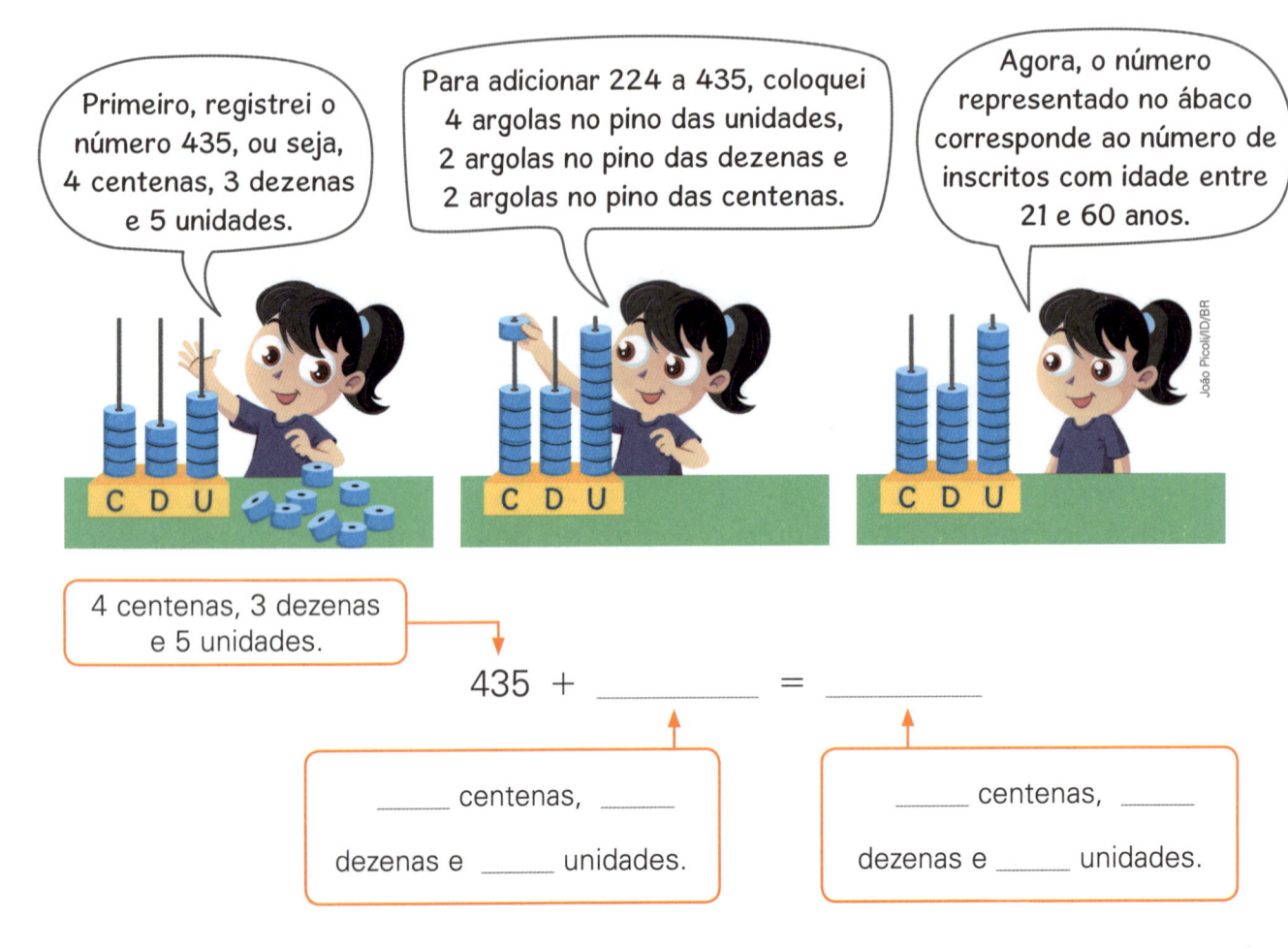

"Primeiro, registrei o número 435, ou seja, 4 centenas, 3 dezenas e 5 unidades."

"Para adicionar 224 a 435, coloquei 4 argolas no pino das unidades, 2 argolas no pino das dezenas e 2 argolas no pino das centenas."

"Agora, o número representado no ábaco corresponde ao número de inscritos com idade entre 21 e 60 anos."

4 centenas, 3 dezenas e 5 unidades.

435 + _____ = _____

_____ centenas, _____ dezenas e _____ unidades.

_____ centenas, _____ dezenas e _____ unidades.

O número de inscritos com idade entre 21 e 60 anos é _____.

2 Observe como Saulo calculou o resultado da adição 174 + 112 usando o algoritmo usual e complete.

C	D	U
1	7	4
+ 1	1	2

_____ _____ _____

Primeiro, adicionei as unidades: _____ + _____ = _____.

Depois, adicionei as dezenas: _____ + _____ = _____.
Em seguida, adicionei as centenas:

_____ + _____ = _____.
Então, o resultado da adição 174 + 112

é _____.

3 Em um clube, há turmas de natação no período da manhã e no período da tarde. Estão matriculados 301 alunos nas turmas da manhã e 211 alunos nas turmas da tarde. Ao todo, quantos alunos praticam natação nesse clube?

Ao todo, _____ alunos praticam natação nesse clube.

4 Uma escola recebeu 218 mudas para iniciar uma horta. Até o momento, 115 mudas já foram plantadas. Quantas mudas restam para serem plantadas?

a. Odair resolveu esse problema calculando a subtração 218 − 115 com um ábaco de pinos. Observe e complete.

> Primeiro, registrei o número 218 no ábaco. São _____ centenas, _____ dezena e _____ unidades.

> Depois, tirei _____ argolas do pino das unidades, _____ argola do pino das dezenas e _____ argola do pino das centenas.

> Agora, o número representado no ábaco corresponde ao número de mudas que restam para serem plantadas.

Restam _____ mudas para serem plantadas.

b. Luana resolveu o problema com a mesma subtração usando o algoritmo usual da subtração. Observe e complete.

C	D	U
2	1	8
− 1	1	5
___	___	___

> Primeiro, subtraí as unidades: _____ − _____ = _____. Depois, subtraí as dezenas: _____ − _____ = _____. Em seguida, subtraí as centenas: _____ − _____ = _____.

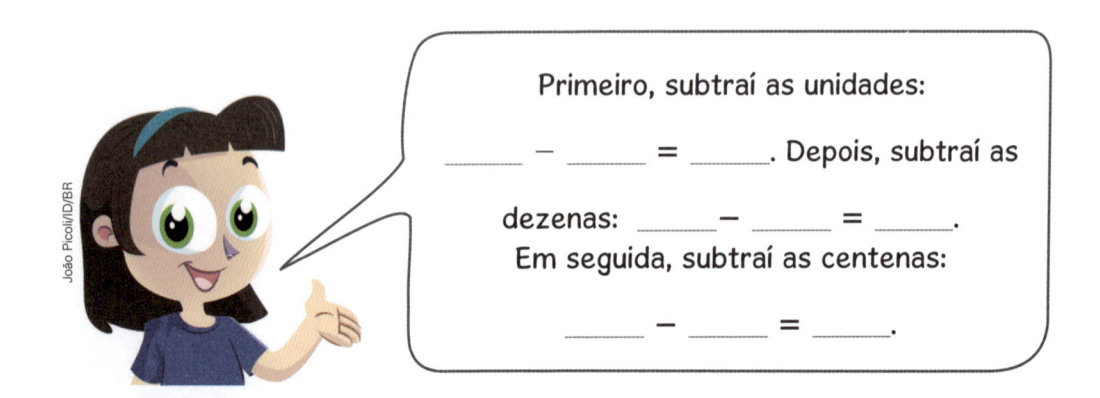

5 A bibliotecária da escola anotou, em uma tabela, a quantidade de livros que foram emprestados durante um mês, separando-os por gênero. Observe.

Livros emprestados

Gênero	Quantidade de livros
Aventura	142
Contos policiais	121
Histórias em quadrinhos	114
Suspense	120

Dados fornecidos pela bibliotecária.

a. Nesse mês, quantos livros de aventura foram emprestados a mais que livros de contos policiais?

Foram emprestados _____ livros de aventura a mais que livros de contos policiais.

b. Reúna-se com um colega e criem uma pergunta que pode ser respondida com os dados da tabela.

___

cento e quarenta e sete **147**

Adições e subtrações com a calculadora

1 Você já usou uma calculadora? Sabe para que ela serve? Conte aos colegas e ao professor.

2 Dos botões que estão indicados nas teclas da calculadora abaixo, quais você conhece? Conte aos colegas e ao professor.

- desligar
- ligar
- operadores

3 Veja como funciona uma calculadora.

Quando ligamos a calculadora, aparece no visor o número 0 (zero).
Para calcular 4 + 35, digitamos:

[4] [+] [3] [5] [=]   Aparecerá no visor: 39

Para calcular 198 − 25, digitamos:

[1] [9] [8] [−] [2] [5] [=]   Aparecerá no visor: 173

Para calcular 3 + 91 + 4, podemos digitar:

[3] [+] [9] [1] [+] [4] [=]   Aparecerá no visor: 98

Calcule o resultado das operações usando uma calculadora.

a. 327 + 341 = _____

b. 502 + 22 + 75 = _____

c. 359 − 113 = _____

d. 917 − 13 = _____

4 Júlia apertou as teclas a seguir na calculadora. Registre o número que apareceu no visor em cada caso.

a. [2] [8] [4] [−] [3] [2] [=] ☐

b. [5] [+] [3] [+] [6] [1] [=] ☐

5 A calculadora de Maria está com defeito. De vez em quando, algumas teclas não funcionam. Certo dia, a tecla [3] não funcionava, e Maria fez o número 3 aparecer no visor digitando as teclas:

[1] [+] [2] [=]

a. Desenhe as teclas que você apertaria para fazer aparecer o número 79 no visor de uma calculadora se a tecla [9] não estivesse funcionando.

b. Desenhe as teclas que você apertaria para fazer aparecer o número 10 no visor de uma calculadora se as teclas [+] e [0] não estivessem funcionando.

Tratamento da informação

Classificar eventos

1 Em uma urna há 30 bolinhas azuis, 5 bolinhas vermelhas e 1 bolinha roxa. Talita vai sortear uma bolinha da urna.

a. Você acha que é possível Talita sortear uma bolinha azul? Por quê?

b. Você acha que é possível Talita sortear uma bolinha vermelha? Por quê?

c. Você acha que é possível Talita sortear uma bolinha amarela? Por quê?

d. Você acha que é mais provável que Talita sorteie uma bolinha vermelha ou uma bolinha azul? Por quê?

e. Marque com um **X** a frase verdadeira.

☐ É impossível que Talita sorteie uma bolinha azul.

☐ Com certeza Talita sorteará uma bolinha azul.

☐ Com certeza Talita sorteará uma bolinha vermelha.

☐ É improvável que Talita sorteie uma bolinha roxa.

f. Conte aos colegas e ao professor como você pensou para responder aos itens acima.

2 Em uma rodada de um jogo de tabuleiro, cada jogador lança um dado comum para saber quantas casas seu peão andará. Observe a posição dos peões nessa rodada.

a. Você acha que é possível ou impossível que o jogador do peão laranja alcance a chegada nessa rodada? Por quê? _____

_____

_____

_____

b. Se o jogador do peão azul tirar 3, 4, 5 ou 6 no dado, ele alcançará a chegada. Você acha que é muito provável ou pouco provável que ele alcance a chegada nessa rodada? Por quê? _____

_____

_____

_____

c. Para o jogador do peão verde alcançar a chegada nessa rodada, ele precisa tirar o número 6 no dado. Você acha que é muito provável ou pouco provável que ele alcance a chegada nessa rodada? Por quê? _____

_____

_____

_____

Aprender sempre

1 Daniela quer comprar uma caneca e uma xícara. Observe abaixo as opções que ela tem.

32 reais   22 reais   17 reais

a. Se ela comprar a xícara verde e a caneca azul, quantos reais gastará?

b. Se ela comprar a xícara verde e a caneca vermelha, quantos reais gastará?

2 No primeiro dia de uma campanha de arrecadação de cobertores, foram arrecadados 316 cobertores. No segundo dia, foram arrecadados 531 cobertores e, no terceiro dia, foram arrecadados 142 cobertores. Quantos cobertores foram arrecadados nesses 3 dias?

- Você acha importante doar cobertores para aqueles que não têm? Converse com os colegas e o professor.

3 Vítor estava brincando com os amigos. Ele começou a brincadeira com 201 figurinhas.

a. Na 1ª rodada, ele ganhou mais 73 figurinhas e, na 2ª rodada, perdeu 42 figurinhas. Com quantas figurinhas ele ficou no final da segunda rodada?

Vítor ficou com _____ figurinhas no final da 2ª rodada.

b. Na 3ª rodada, Vítor ganhou mais 56 figurinhas, na 4ª rodada, ele ganhou mais 11 figurinhas e, na 5ª rodada, ele perdeu 83 figurinhas. Com quantas figurinhas Vítor ficou no final da 5ª rodada?

Vítor ficou com _____ figurinhas no final da 5ª rodada.

c. Vítor terminou com mais ou com menos figurinhas do que tinha no começo do jogo? Quantas a mais ou a menos?

Vítor terminou o jogo com _____ figurinhas a _____ do que tinha no começo do jogo.

CAPÍTULO 7

Grandezas e medidas

Maria e o pai estão fazendo uma viagem pelo litoral brasileiro.

▶ Eles resolveram parar no quiosque para tomar suco. Observe o copo de cada um e responda: Quem vai beber mais suco?

▶ Se um cliente comprar 1 copo grande e 2 copos pequenos de suco, quantos reais ele vai gastar? Com que cédulas e moedas ele pode pagar pela compra?

▶ Você sabe a que horas a cena acima aconteceu?

Comparando comprimentos

1 Contorne de vermelho a girafa mais alta e de azul a girafa mais baixa.

2 Observe o comprimento do cabelo de cada uma das meninas.

Mariana   Carla   Heloísa   Bruna

- Qual das meninas tem o cabelo mais curto que o cabelo de Carla e mais comprido que o cabelo de Heloísa?

_____

3 Observe os lápis abaixo.

- Escreva as cores dos lápis, ordenando-os do mais fino para o mais grosso.

_____

cento e cinquenta e cinco **155**

4 Dora está na escola e quer ir à livraria. Ela conhece três caminhos diferentes que pode fazer. Observe, abaixo, uma representação desses caminhos.

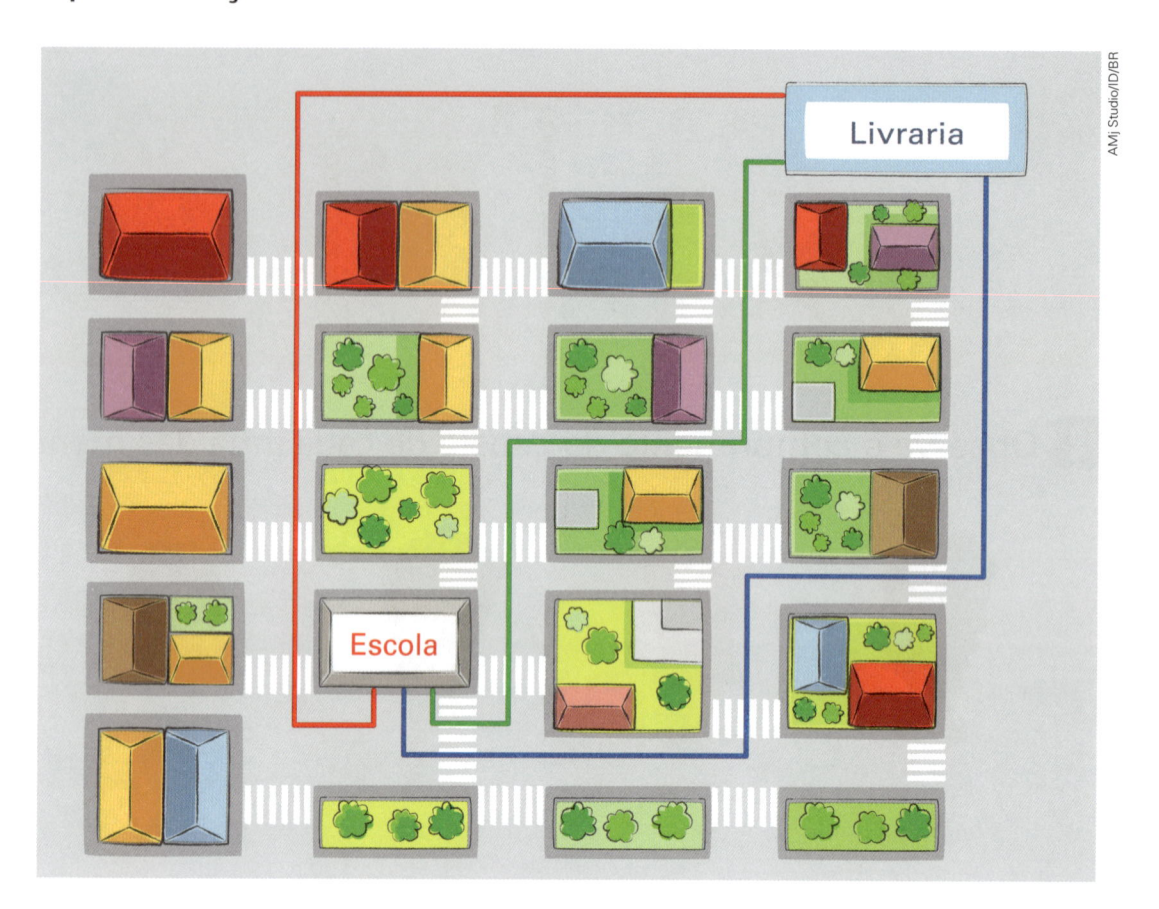

a. Qual é a cor do caminho que parece ser o mais curto? Marque com um **X**.

☐ Verde. ☐ Azul. ☐ Vermelho.

b. Para descobrir qual é o caminho mais curto, Dora pegou um pedaço de barbante e colocou sobre cada um dos caminhos.

Depois, ela esticou os pedaços um por um, obtendo o comprimento de cada caminho:

_____

_____

_____

- Observando a representação dos três caminhos, complete:

O caminho mais curto é o de cor _____.

Medindo comprimentos

1 Podemos usar partes do corpo para medir comprimentos. Observe como Alê mediu o comprimento do tampo da mesa com palmos.

- Qual foi a medida que ele encontrou? _____ palmos.

2 Veja como Alê mediu o comprimento da cômoda e da cama dele.

Qual foi a medida que Alê encontrou para:

a. o comprimento da cômoda? _____ pés.

b. o comprimento da cama? _____ pés.

3 Daniel e o pai mediram com palmos o comprimento do tampo de uma mesa e obtiveram medidas diferentes. Observe.

Eu contei 12 palmos.

E eu contei 14 palmos.

- Em sua opinião, por que Daniel contou mais palmos que o pai? Converse com os colegas e o professor.

cento e cinquenta e sete **157**

O metro

1 A mãe de Rafaela e de Renato pediu a eles que medissem o comprimento do cinto do pai deles para comprar outro de mesmo tamanho. Para isso, eles deveriam medir o cinto sem considerar a fivela.

Cada irmão mediu o comprimento do cinto usando o próprio palmo como unidade de medida de comprimento. Observe as cenas.

Medi 8 palmos.

Medi 6 palmos.

- Complete as frases abaixo.

    Para Rafaela, o cinto tem _____ palmos de comprimento.

    Para Renato, o cinto tem _____ palmos de comprimento.

2 Responda às questões de acordo com a atividade **1**.

a. A quantidade de palmos encontrada por Rafaela é diferente da encontrada por Renato. Você acha que um objeto pode ter duas medidas diferentes?

b. Por que a quantidade de palmos encontrada por Rafaela foi maior que a encontrada por Renato?

c. Você acha que a mãe das crianças conseguiria comprar o cinto com as medições feitas por elas? Por quê? Converse com os colegas e o professor.

d. Como você faria para medir o comprimento do cinto? Conte aos colegas e ao professor.

> O **metro**, cujo símbolo é **m**, é a **unidade-padrão** de medida de comprimento.

3 Qual é o comprimento que equivale à medida de 1 metro? Faça essa atividade para descobrir.

a. Faça estimativas: do comprimento do seu estojo, da altura de um colega, da largura da porta da sala de aula, do comprimento do tampo da mesa do professor e da altura da sua carteira. Depois, escreva, nas linhas correspondentes, suas estimativas.

- Mede menos que 1 metro:

  _____

- Mede exatamente 1 metro:

  _____

- Mede mais que 1 metro:

  _____

b. Agora, usando um pedaço de barbante de 1 metro de comprimento, faça medições para ver se suas estimativas foram boas. Depois, anote o resultado de suas medições nas linhas correspondentes abaixo.

- Mede menos que 1 metro:

  _____

- Mede exatamente 1 metro:

  _____

- Mede mais que 1 metro:

  _____

c. Compare suas estimativas com o resultado das medições que você fez. Elas ficaram próximas? Converse com os colegas e o professor.

> Pratique a comparação de medidas envolvendo o metro no jogo "Os troncos adornados indígenas".
> Disponível em: <http://tvescola.org.br/aschavesdemardum/wp-content/jogo/07/>.
> Acesso em: 6 nov. 2017.

O centímetro e o milímetro

1 Para medir comprimentos, podemos usar diferentes tipos de instrumento de medida. Observe.

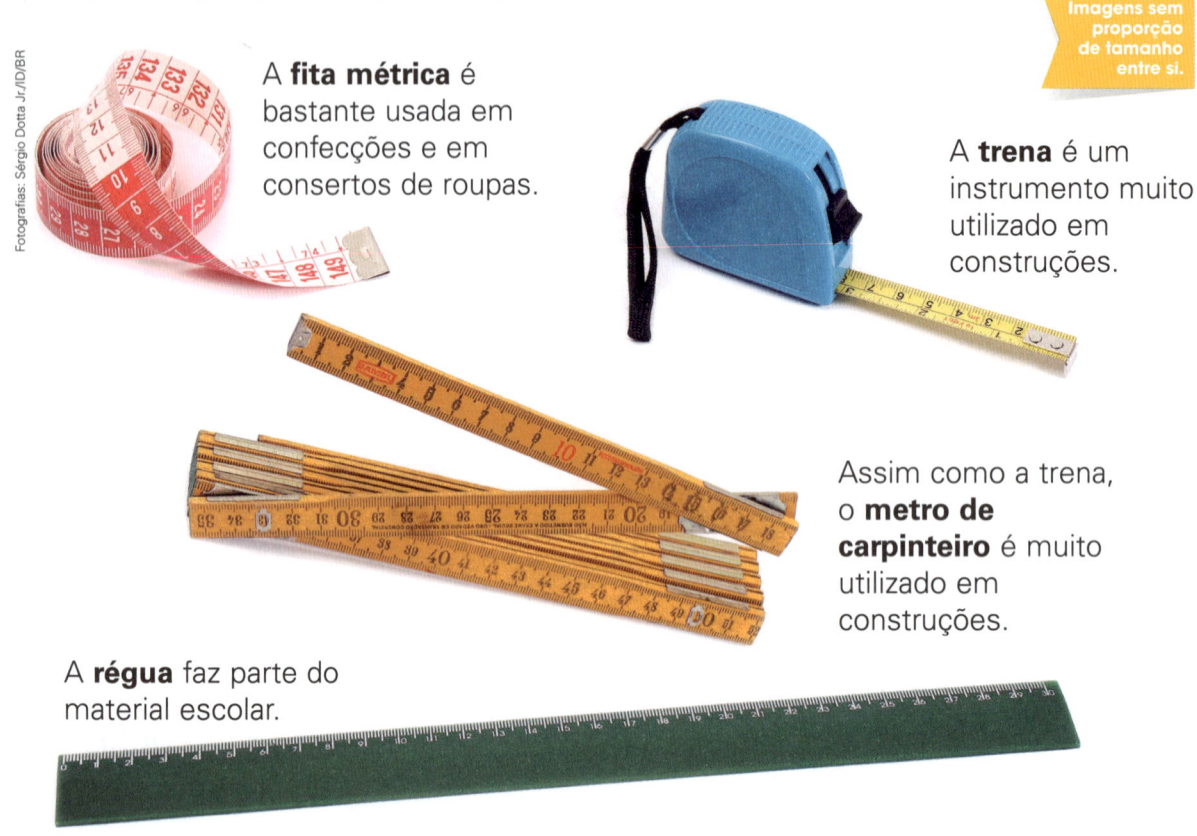

Imagens sem proporção de tamanho entre si.

A **fita métrica** é bastante usada em confecções e em consertos de roupas.

A **trena** é um instrumento muito utilizado em construções.

Assim como a trena, o **metro de carpinteiro** é muito utilizado em construções.

A **régua** faz parte do material escolar.

- Você já conhecia esses instrumentos? Converse com os colegas e o professor.

2 Leia o texto e complete.

Usamos a régua para medir alguns comprimentos. Com a régua podemos fazer medidas em **centímetro**, cujo símbolo é **cm**.

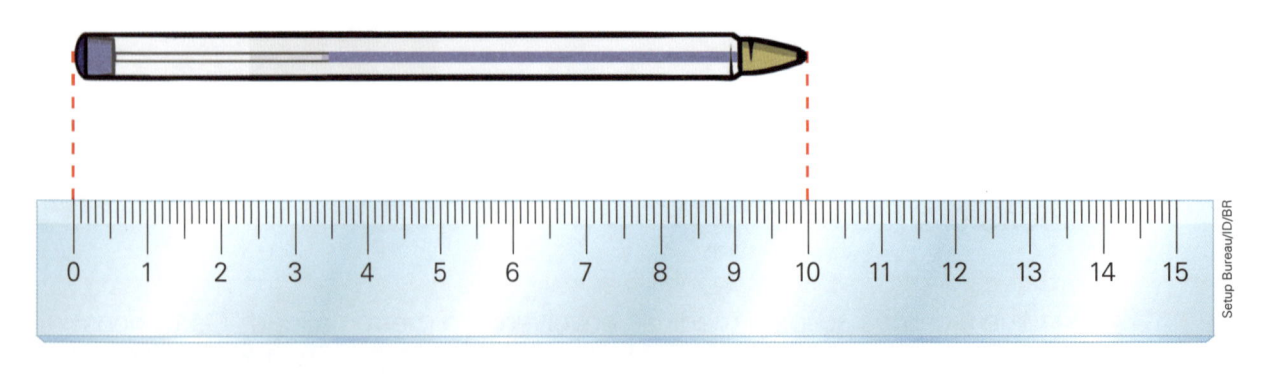

A régua acima está graduada até 15 centímetros (15 cm). A medida do comprimento do desenho da caneta é _____ centímetros (_____ cm).

160 cento e sessenta

3 Também podemos usar a régua para fazer medidas em **milímetro**, cujo símbolo é **mm**. Observe a figura e, depois, escreva a medida do comprimento do desenho do carrinho.

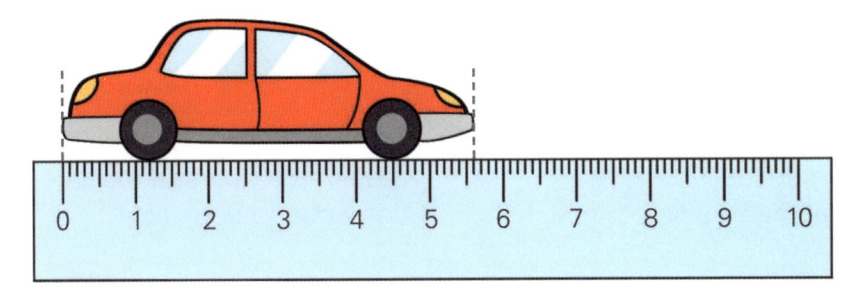

O comprimento do desenho deste prego mede 25 milímetros.

A medida do comprimento do desenho do carrinho é _____.

4 A medida do comprimento da linha preta é 50 mm. Sem usar a régua, quanto você acha que mede cada uma das linhas coloridas a seguir? Marque com um **X** o quadrinho correspondente a cada estimativa feita.

50 mm

☐ Mais que 50 mm.
☐ Menos que 50 mm.

☐ Mais que 50 mm.
☐ Menos que 50 mm.

a. Agora, use uma régua para medir o comprimento de cada linha e anote as medidas abaixo.

Linha verde: _____

Linha azul: _____

b. Suas estimativas estão de acordo com as medições que você fez? Compare-as e depois converse sobre suas conclusões com os colegas e o professor.

Medindo massas

1 Para medir a massa, podemos usar uma balança como instrumento de medida. Há diferentes tipos de balança. Observe.

Imagens sem proporção de tamanho entre si.

Balança digital utilizada para medir massa de pessoas.

Balança usada para medir a massa de alimentos na cozinha.

Balança de pratos usada para medir e comparar a massa de pequenos objetos.

- Você já viu ou usou balanças como essas? Onde? Conte aos colegas e ao professor.

2 Veja o que Gabriela diz.

> Quando medimos a massa, geralmente usamos como unidade de medida o **quilograma (kg)**, popularmente chamado de "quilo".

> Outra unidade de medida que é bastante usada para medir massas é o **grama (g)**.

a. Que produtos são geralmente vendidos em quilograma?

_____

b. Que produtos são geralmente vendidos em grama?

_____

3 Observe as imagens abaixo e responda às questões.

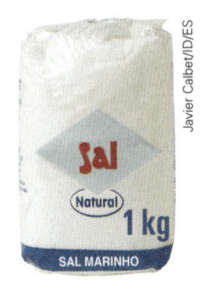

Imagens sem proporção de tamanho entre si.

a. Qual desses pacotes tem menor massa?

b. Qual pacote tem maior massa?

c. Qual é a massa dos três pacotes juntos?

4 Samuel, Rosa e André foram ao mercado comprar leite. Eles pegaram carrinhos iguais e compraram embalagens iguais de leite. Observe.

Samuel   Rosa   André

a. Quem está empurrando o carrinho mais pesado?

b. Quem está empurrando o carrinho mais leve?

Medindo capacidades

1 Juliana estava passeando pelo zoológico e ficou com sede. Observe a imagem e responda à questão.

> Olá, bom dia! Quanto custa a água?

> Bom dia! Você quer o copo ou a garrafa?

- Cabe mais água no copo ou na garrafa? Converse com os colegas e o professor.

> Para medir a quantidade de líquido que cabe em um recipiente, podemos usar uma unidade de medida chamada **litro** (**L**).
> O litro é uma unidade de medida de **capacidade**.

2 Estes são alguns produtos que compramos em litro.

Óleo 1L

AMACIANTE 1L

5 L

Imagens sem proporção de tamanho entre si.

- Você conhece outros produtos que compramos em litro? Quais? Converse com os colegas e o professor.

3 Outra unidade de medida que podemos usar para medir a quantidade de líquido que cabe em um recipiente é o **mililitro (mL)**.

Imagens sem proporção de tamanho entre si.

200 mL — XAMPU (200 mL)
500 mL — SUPER ALVEJANTE (500 mL)
300 mL — SABONETE Líquido (300 mL)
400 mL — ANTISSÉPTICO BUCAL (400 mL)

a. Qual dessas embalagens tem maior capacidade?

_____

b. Qual dessas embalagens tem menor capacidade?

_____

4 Pense em alguns objetos em que costumamos armazenar líquidos. Desenhe, abaixo, pelo menos um objeto em que você acha que cabe mais de um litro e pelo menos um objeto em que você acha que cabe menos de um litro.

Vamos resolver!

1 Faça estimativas e complete as frases abaixo com as palavras **maior** ou **menor**.

a. A massa de um lápis é _____ que 1 quilograma.

b. A massa de uma geladeira é _____ que 1 quilograma.

c. A massa de uma camiseta é _____ que 1 quilograma.

d. A massa de uma cadeira é _____ que 1 quilograma.

2 Use uma régua para obter as medidas indicadas nas figuras e anote-as no local indicado.

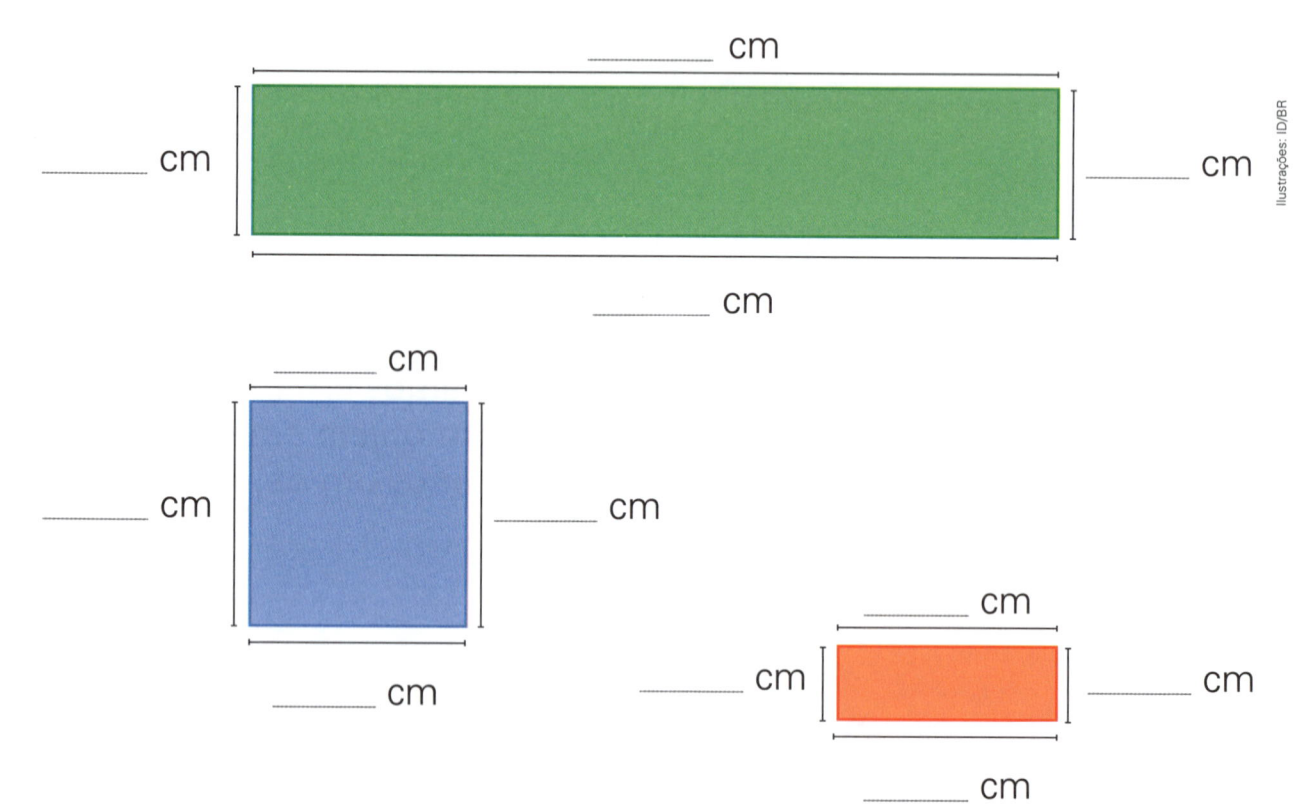

_____ cm

_____ cm _____ cm

_____ cm

_____ cm

_____ cm _____ cm

_____ cm

_____ cm

_____ cm _____ cm

_____ cm

- Qual foi o maior comprimento que você mediu? E o menor?

_____

3 Junte-se a um colega e meçam o comprimento de cada uma das paredes da sala de aula com uma fita métrica. Anotem no caderno o resultado da medição. Depois, comparem os comprimentos da medida de cada parede. Eles são iguais?

4 Rodrigo e Marcela colocaram suas mochilas em uma balança. A mochila de Rodrigo é mais pesada que a mochila de Marcela. Pinte as mochilas, sabendo que a mochila de Rodrigo é verde e a mochila de Marcela é azul.

5 Vera precisa colocar 10 litros de água em um balde. Como ela poderia fazer isso se só tem uma jarra de 1 litro e uma jarra de 3 litros de capacidade? Pense nas jarras cheias e faça o que se pede.

- Escreva nos quadrinhos **V** para as afirmações verdadeiras e **F** para as falsas.

    ☐ Vera poderia usar 10 vezes a jarra de 1 litro.

    ☐ Vera poderia usar 2 vezes a jarra de 1 litro e 2 vezes a jarra de 3 litros.

    ☐ Vera poderia usar 4 vezes a jarra de 1 litro e 2 vezes a jarra de 3 litros.

O relógio e as horas

1 Podemos usar relógios para medir o tempo. Há vários tipos e modelos de relógio. Os mais usados são os relógios de ponteiros e os digitais. Observe.

Imagens sem proporção de tamanho entre si.

Esse é um relógio de ponteiros.   Esse é um relógio digital.

- Você já viu relógios como esses? Onde? Converse com os colegas e o professor.

2 Observe o relógio de ponteiros da atividade **1** e responda às questões a seguir.

a. Que números aparecem no relógio? _____

b. Quantos ponteiros esse relógio tem? _____

3 No relógio de ponteiros da atividade **1**, o ponteiro menor aponta para o número 9 e o ponteiro maior aponta para o número 12. Ele está marcando 9 horas.

a. Agora, veja os relógios de ponteiro abaixo e escreva a hora que eles estão marcando.

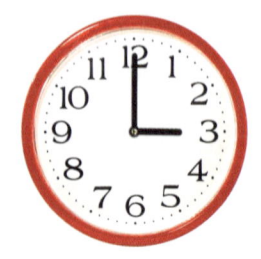

_____ horas.    _____ horas.

b. Esses relógios estão marcando horas exatas. Para marcar horas exatas, o ponteiro maior do relógio deve estar apontando para qual número? _____

168 cento e sessenta e oito

4 Observe como podemos medir o tempo usando horas e minutos em relógios digitais.

08:29

- Este número corresponde às horas.
- Os dois-pontos separam as horas dos minutos.
- Este número corresponde aos minutos.

a. Que horário o relógio está marcando?

_____

b. Agora, represente 12 horas e 35 minutos no relógio a seguir.

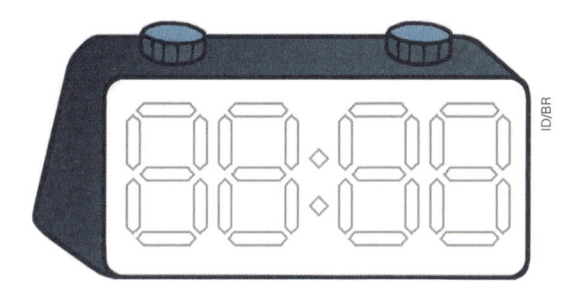

5 Daniela e Gustavo queriam aproveitar o feriado.

Eles chegaram ao parque bem cedo. (08:00)

Depois de um tempo, eles saíram do parque. (10:00)

a. A que horas eles chegaram ao parque? _____

b. A que horas eles saíram do parque? _____

c. Quantas horas eles ficaram no parque? _____

6 Observe os relógios de ponteiro e complete os espaços com os horários marcados.

0 hora ou meia-noite    1 hora    2 horas    3 horas

4 horas   5 horas   6 horas   7 horas

8 horas    9 horas   _____   _____

Depois do meio-dia, podemos ler as horas assim:

12 horas ou meio-dia    13 horas    14 horas    15 horas

16 horas  17 horas  18 horas  19 horas

20 horas  21 horas  22 horas  23 horas

Um dia tem **24 horas**.

7 Veja como Sofia lê as horas no relógio digital.

Agora, são 7 horas da noite ou 19 horas.

Escreva o horário que cada relógio está marcando.

a. 11:00

b. 20:00

O calendário

Vamos ver como os dias da semana e os meses do ano estão organizados em um calendário.

Os dias da semana

1 Beto e Mariana marcaram, em um calendário, os dias dos jogos de um campeonato da escola onde estudam. Os jogos aconteceram nos dias marcados com um **X**.

Maio - 2019

D	S	T	Q	Q	S	S
			1	2	3	X
5	6	7	8	9	10	X
12	13	14	15	16	17	X
19	20	21	22	23	24	X
26	27	28	29	30	31	

1 Dia do Trabalho

a. O que significam as letras **D, S, T, Q, Q, S** e **S** no topo do calendário? _____

b. Em que dia da semana aconteceram os jogos? _____

c. O primeiro dia do mês representado no calendário ocorre em qual dia da semana? _____

d. Quantos dias tem uma semana completa? _____

e. Há um feriado nacional no calendário acima. Em que dia? O que se comemora nesse dia? _____

- Junte-se a um colega e pesquisem sobre esse feriado. Por que ele é comemorado?

2 No início do ano, algumas atividades especiais foram feitas na escola. Veja o calendário a seguir e responda às questões.

Janeiro - 2019

D	S	T	Q	Q	S	S
		1	2	3	4	5
6	7	8	9	10	11	12
13	⚽	15	16	17	18	🎒
20	🍔	22	👦	24	25	26
27	28	29	30	31		

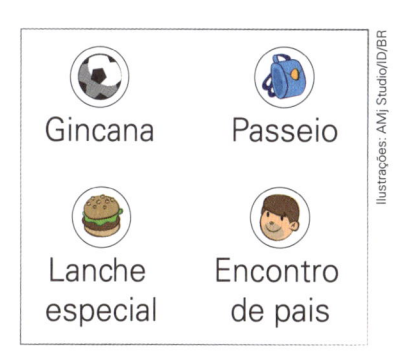

- ⚽ Gincana
- 🎒 Passeio
- 🍔 Lanche especial
- 👦 Encontro de pais

a. Escreva os dias em que houve atividades especiais, na ordem em que elas ocorreram. _____

b. Complete as frases abaixo.

O lanche especial aconteceu _____ dias **depois** do passeio.

A gincana aconteceu _____ dias **antes** do lanche especial.

O encontro de pais foi _____ dias **depois** da gincana.

3 Veja como Hugo organiza suas atividades extraescolares.

a. Em que dias da semana Hugo tem atividades extraescolares?

_____
_____
_____

Agenda Semanal

Domingo	
2ª-feira	Aula de violão
3ª-feira	
4ª-feira	Aula de violão
5ª-feira	Aula de inglês
6ª-feira	
Sábado	Natação

b. Em que dia da semana Hugo tem aula de inglês? E aula de violão?

_____
_____

Os meses e o ano

4 Leia o texto, observe o calendário e responda às questões.

Para registrar a passagem do tempo, os povos antigos criaram os **calendários**. Atualmente, em nosso país, seguimos o calendário gregoriano. Ele tem esse nome em homenagem ao papa Gregório 13, que o estabeleceu em 1582. Mas há outros calendários em uso: o judaico, o muçulmano, o chinês e outros.

No calendário gregoriano, ou cristão, o tempo é contado em dias, semanas, meses e anos. O tempo de **1 ano** é dividido em **12 meses**. Este é um calendário anual, dividido em meses.

2019

JANEIRO
D	S	T	Q	Q	S	S
		1	2	3	4	5
6	7	8	9	10	11	12
13	14	15	16	17	18	19
20	21	22	23	24	25	26
27	28	29	30	31		

FEVEREIRO
D	S	T	Q	Q	S	S
					1	2
3	4	5	6	7	8	9
10	11	12	13	14	15	16
17	18	19	20	21	22	23
24	25	26	27	28		

MARÇO
D	S	T	Q	Q	S	S
					1	2
3	4	5	6	7	8	9
10	11	12	13	14	15	16
17	18	19	20	21	22	23
24	25	26	27	28	29	30
31						

ABRIL
D	S	T	Q	Q	S	S
	1	2	3	4	5	6
7	8	9	10	11	12	13
14	15	16	17	18	19	20
21	22	23	24	25	26	27
28	29	30				

MAIO
D	S	T	Q	Q	S	S
			1	2	3	4
5	6	7	8	9	10	11
12	13	14	15	16	17	18
19	20	21	22	23	24	25
26	27	28	29	30	31	

JUNHO
D	S	T	Q	Q	S	S
						1
2	3	4	5	6	7	8
9	10	11	12	13	14	15
16	17	18	19	20	21	22
23	24	25	26	27	28	29
30						

JULHO
D	S	T	Q	Q	S	S
	1	2	3	4	5	6
7	8	9	10	11	12	13
14	15	16	17	18	19	20
21	22	23	24	25	26	27
28	29	30	31			

AGOSTO
D	S	T	Q	Q	S	S
				1	2	3
4	5	6	7	8	9	10
11	12	13	14	15	16	17
18	19	20	21	22	23	24
25	26	27	28	29	30	31

SETEMBRO
D	S	T	Q	Q	S	S
1	2	3	4	5	6	7
8	9	10	11	12	13	14
15	16	17	18	19	20	21
22	23	24	25	26	27	28
29	30					

OUTUBRO
D	S	T	Q	Q	S	S
		1	2	3	4	5
6	7	8	9	10	11	12
13	14	15	16	17	18	19
20	21	22	23	24	25	26
27	28	29	30	31		

NOVEMBRO
D	S	T	Q	Q	S	S
					1	2
3	4	5	6	7	8	9
10	11	12	13	14	15	16
17	18	19	20	21	22	23
24	25	26	27	28	29	30

DEZEMBRO
D	S	T	Q	Q	S	S
1	2	3	4	5	6	7
8	9	10	11	12	13	14
15	16	17	18	19	20	21
22	23	24	25	26	27	28
29	30	31				

a. De que ano é o calendário acima? _____

b. Qual é o 1º mês do ano? _____

c. Qual é o 5º mês do ano? _____

d. Qual é o último mês do ano? _____

5 Observe novamente o calendário da página anterior e escreva o nome dos meses:

a. que têm menos de 30 dias. _____

b. que têm somente 30 dias. _____
_____

c. que têm 31 dias. _____
_____

6 Regina anotou a data de alguns eventos. Observe.

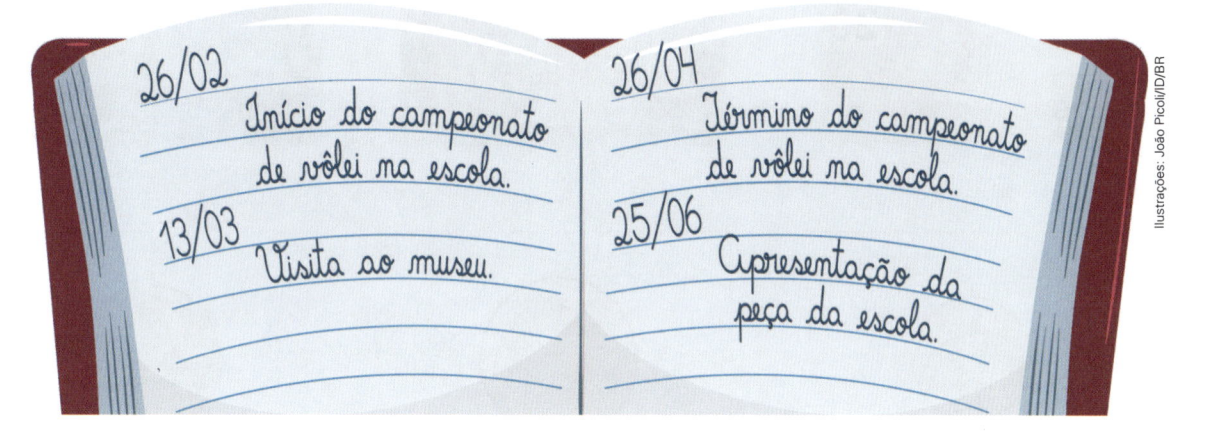

> 26/02 Início do campeonato de vôlei na escola.
> 13/03 Visita ao museu.
> 26/04 Término do campeonato de vôlei na escola.
> 25/06 Apresentação da peça da escola.

a. Em que mês será a visita ao museu? _____

b. Quando será a apresentação da peça da escola? Escreva o nome do mês por extenso. _____

c. Por quantos meses a escola fará o campeonato de vôlei?
_____

7 Leia o que Rafael e Lílian estão dizendo e responda à questão.

> Já estamos em outubro!

> Nossa, já faz 6 meses que mudamos para esta casa!

■ Em que mês eles mudaram de casa? _____

O real

1 O dinheiro que usamos atualmente no Brasil chama-se **real**. Observe as cédulas e as moedas reproduzidas a seguir e escreva o valor de cada uma delas, como nos exemplos.

Imagens sem proporção de tamanho entre si.

2 reais _____ _____

_____ _____ _____

1 centavo _____ _____

_____ _____ _____

2 Responda às questões.

a. Quantas cédulas de 2 reais são necessárias para trocar por uma cédula de 10 reais? _____

b. Quantas cédulas de 2 reais são necessárias para trocar por uma cédula de 20 reais? _____

176 cento e setenta e seis

3 Ligue os grupos de cédulas que representam o mesmo valor.

4 Isabela quer comprar o caderno ao lado. Desenhe duas maneiras diferentes de pagar por ele.

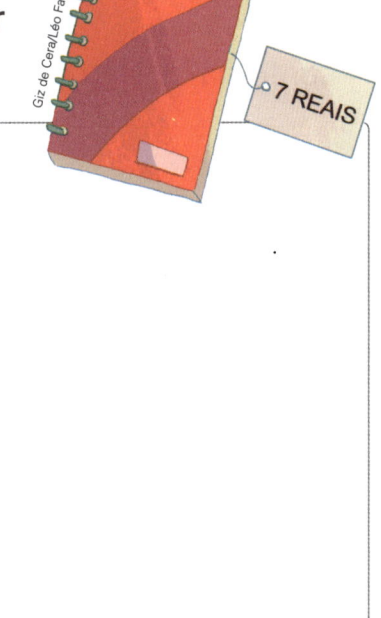

- Compare sua resposta com a de um colega. Vocês desenharam as mesmas maneiras de pagar pelo caderno?

cento e setenta e sete 177

Jogo

Ligue pontos

Material
- Tabuleiro da página 217.

Número de participantes
- 2 jogadores.

Objetivo
- Traçar o percurso mais curto do início ao fim do tabuleiro.

Regras

1. Cada jogador deve destacar o tabuleiro da página 217 e usá-lo para traçar seu percurso.

2. Para traçar o percurso, é preciso ligar pontos no tabuleiro. As linhas devem sempre ser horizontais ou verticais. Não vale desenhar linha da diagonal.

   Assim vale:

   Assim não vale:

3. O percurso deve ser contínuo e não é possível passar por cima dos obstáculos. Se o jogador encontrar um obstáculo (linhas verdes), deve contorná-lo. Não é possível usar os pontos dos obstáculos no percurso.

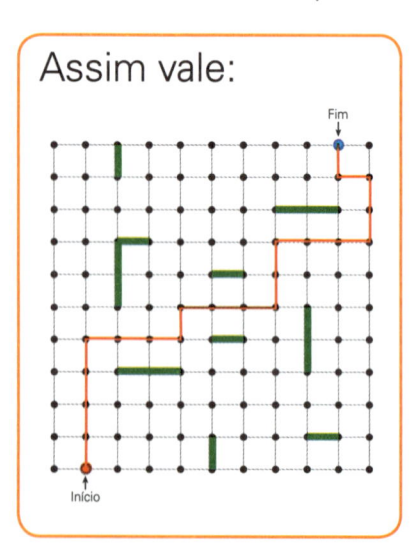

   Assim vale:

   Assim não vale:

4. Depois que terminarem os percursos, os jogadores devem comparar o comprimento dos seus percursos. Vence o jogador que tiver traçado o percurso mais curto. Se os percursos forem do mesmo tamanho, a partida fica empatada.

Depois do jogo

1. Como você fez para medir o comprimento de cada percurso antes de compará-lo com o do colega?

2. Pedro e Ivo jogaram uma partida. Considerando o espaço entre um ponto e o ponto seguinte como unidade de medida, meça o comprimento do percurso que Pedro traçou no tabuleiro abaixo.

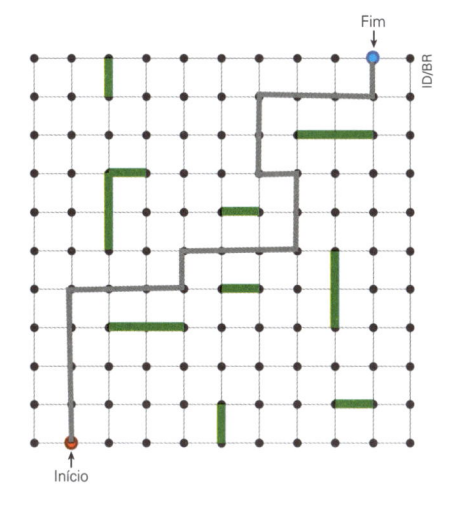

a. O percurso de Pedro mede quantos espaços?

_____

b. Se Ivo traçou um percurso que mede 22 espaços, quem venceu essa partida? _____

c. Trace no tabuleiro abaixo um percurso que Ivo pode ter feito para obter 22 espaços de comprimento.

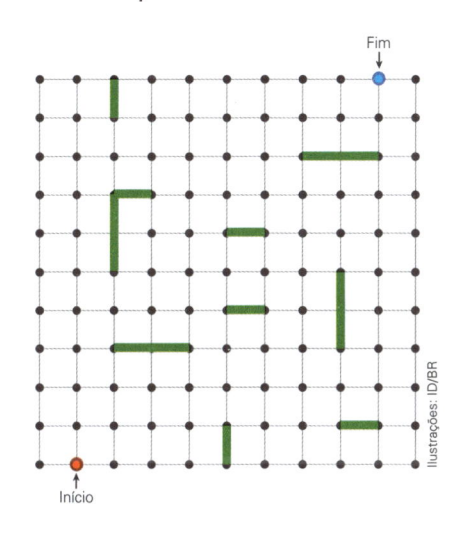

Pessoas e lugares

Diferentes maneiras de comemorar o Ano-Novo

O Ano-Novo é comemorado em diferentes datas e de diferentes maneiras ao redor do mundo. Vamos conhecer qual é a tradição de alguns países?

Filipinas

Nas Filipinas, formas arredondadas simbolizam prosperidade. Por isso, para celebrar a virada do ano, no dia 31 de dezembro, os filipinos se vestem com roupas de bolinhas e usam acessórios com formas arredondadas. À meia-noite, há o ritual de comer exatamente 12 frutas, para garantir boa sorte. Para ter um ano iluminado, eles deixam muitas luzes acesas.

Espanha

Na virada do ano, quando o relógio marca meia-noite, os espanhóis comem 12 uvas, uma para cada badalada do relógio, para trazer boa sorte para cada mês do novo ano.

Camboja

O festival de Ano-Novo no Camboja é comemorado em abril e tem duração de três dias, sendo chamado de *Chaul Chnam Thmey*. Nesse festival, as crianças lavam os pés dos seus pais e avós para demonstrar respeito aos mais velhos e obter bênçãos em troca. Há uma tradição de borrifar água no rosto uns dos outros, durante a manhã, e nos pés, à noite.

Vietnã

O Ano-Novo no Vietnã é chamado de *Tet* e é celebrado em 10 de fevereiro. As mulheres se vestem de amarelo e vermelho, as cores da bandeira do país, e os homens se vestem de preto. As crianças ganham presentes ou envelopes vermelhos com dinheiro. À noite, há queima de fogos.

1. Em que data você comemora o Ano-Novo?
2. Você e sua família seguem alguma tradição para comemorar o Ano-Novo? Qual?

Aprender sempre

1 O veterinário do zoológico anotou a massa de alguns animais nos quadros a seguir. Observe e responda às questões.

Imagens sem proporção de tamanho entre si.

Tamanduá-bandeira	Preguiça-de-coleira	Onça-pintada	Lobo-guará
45 kg	6 kg	90 kg	25 kg

a. Qual desses animais é o mais leve? _____

b. Quantos quilogramas o tamanduá-bandeira tem a mais que o lobo-guará? _____

c. Todos esses animais correm risco de extinção, ou seja, podem desaparecer do nosso planeta. Você acha importante proteger os animais da extinção? Por quê?

Saber Ser

2 Observe a balança de pratos a seguir. Ela está equilibrada.

- Qual é a massa da melancia? _____

3 Observe um relógio digital e registre o que se pede abaixo.

a. O horário que sua primeira aula começa. _____

b. O horário que sua primeira aula termina. _____

c. O tempo de duração da sua primeira aula. _____

182 cento e oitenta e dois

4 Observe as cédulas abaixo.

- Escreva duas maneiras diferentes de formar 100 reais usando essas cédulas. _____

_____

_____

5 Sandra preparou 1 litro de suco e encheu 4 copos. Use essa informação para completar o quadro a seguir.

Suco	Quantidade de copos
1 litro	4
2 litros	
3 litros	
4 litros	
5 litros	

6 Observe a ilustração ao lado. Gustavo colocou 1 copo de água na jarra que estava vazia. Quantos copos de água iguais a esse Gustavo ainda deve colocar para encher toda a jarra? Marque a resposta com um **X**.

☐ 5 copos.   ☐ 6 copos.   ☐ 4 copos.

CAPÍTULO 8
Multiplicação

Lúcia e Fábio acabaram de arrumar os brinquedos em uma estante.

- Quantos brinquedos estão em cada prateleira?
- Quantas são as prateleiras da estante?
- Ao todo, há quantos brinquedos na estante? Como você fez para descobrir?
- A quantidade de bonecos é o dobro da quantidade de carrinhos. Você sabe o que é dobro?

Quantos são?

1 João e Ana gostam do brinquedo das xícaras.

a. Quantas xícaras há no brinquedo? _____

b. Quantas crianças estão em cada xícara? _____

c. Quantas crianças estão nesse brinquedo? _____

2 Observe a cena e complete as frases a seguir.

a. Na sala de aula, há _____ mesas com alunos.

b. Em cada mesa, há _____ alunos.

c. Na sala de aula, há _____ alunos no total.

cento e oitenta e cinco

3 Gabriel preparou 3 saquinhos com biscoitos para levar em um passeio. Ele colocou 2 biscoitos em cada saquinho.

   a. Desenhe os biscoitos que ele colocou em:

- um saquinho.

- dois saquinhos.

- três saquinhos.

   b. No total, quantos biscoitos ele levou nos 3 saquinhos?

_____

4 O grupo de Cláudio recebeu alguns materiais na aula de Educação Física. Observe.

   a. Cada aluno do grupo recebeu quantos materiais?

_____

   b. Ao todo, o grupo de Cláudio usará quantos materiais?

_____

5 Veja os mamões organizados nas embalagens.

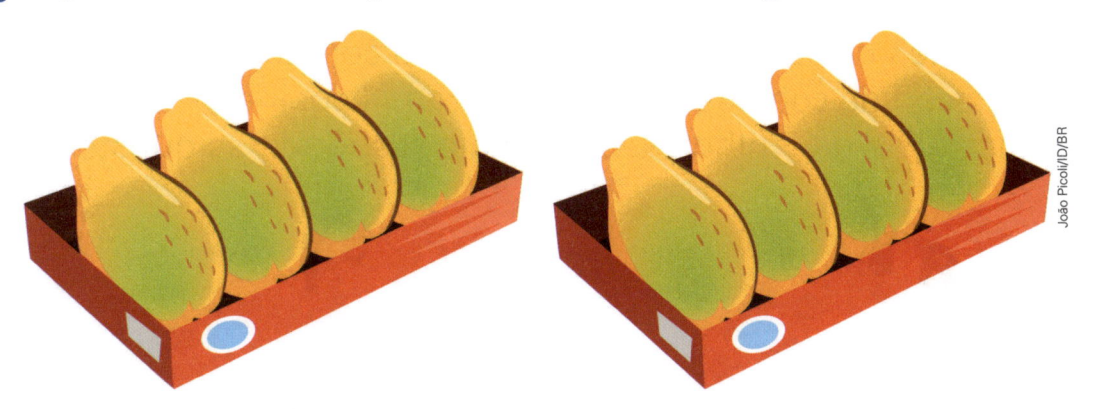

a. Quantos mamões há em cada embalagem? _____

b. Quantas embalagens há? _____

c. Quantos mamões há ao todo? _____

6 Em cada caso, desenhe o que se pede e complete a frase.

a. Desenhe 3 flores em cada jardineira.

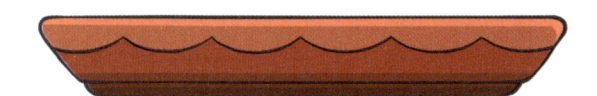

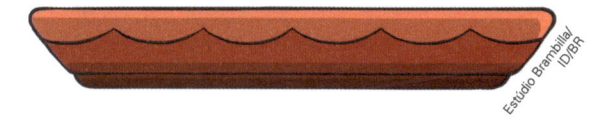

Ao todo, há _____ flores nas jardineiras.

b. Desenhe 2 peixes em cada aquário.

Ao todo, há _____ peixes nos aquários.

Multiplicação

1 Os avós de Vitória moram em um sítio e começaram uma criação de coelhos. Eles compraram 4 coelhas, e cada coelha teve uma cria de 5 filhotes. Observe e responda às questões.

Coelhas

Filhotes

a. Quantas coelhas deram cria? _____

b. Quantos filhotes nasceram de cada coelha? _____

c. No total, quantos filhotes nasceram? _____

- Como você fez para calcular o total de filhotes? Conte aos colegas e ao professor.

2 Vitória representou a quantidade total de filhotes de coelho com uma adição. Observe.

$$5 + 5 + 5 + 5 = 20$$

a. Quantas vezes o número 5 aparece na adição feita por Vitória?

_____

b. Em vez de usar a adição, poderíamos ter usado outra operação. Você sabe qual é essa operação? Converse com os colegas e o professor.

Observe como poderíamos ter feito os cálculos.

$$4 \text{ vezes } 5 \text{ é igual a } 20 \text{ ou } 4 \times 5 = 20$$

Essa operação é uma **multiplicação**. O resultado dessa multiplicação é 20.

3 Desenhe dois limões em cada cesta.

Você desenhou _____ vezes 2 limões.

Podemos escrever: 2 + 2 + 2 = _____ ou 3 × _____ = _____.

Você desenhou _____ limões.

4 Observe os quadrinhos e suas cores.

a. Na fileira de cima, foram pintadas _____ tiras de 7 quadrinhos cada uma.

7 + 7 = _____ ou 2 vezes 7 é igual a _____ ou

_____ × _____ = _____.

b. Na fileira de baixo, foram pintadas _____ tiras de 2 quadrinhos cada uma.

2 + _____ + _____ + _____ + _____ + _____ + _____ = _____

ou 7 vezes 2 é igual a _____ ou _____ × _____ = _____.

c. Nas duas multiplicações que você escreveu nos itens anteriores, quais números foram multiplicados? Qual é o resultado da multiplicação desses números?

_____

Vezes 2

1 Leia o texto e complete.

Lucas quer comprar bolas de gude. As bolas são vendidas em pacotes com 2 unidades em cada um. Quantas bolas de gude Lucas terá se:

a. não comprar nenhum pacote?

$0 \times 2 =$ _____

Lucas terá comprado _____ bola de gude.

b. comprar 1 pacote?

$1 \times 2 =$ _____

Lucas terá comprado _____ bolas de gude.

c. comprar 2 pacotes?

_____ + _____ = _____ ou $2 \times 2 =$ _____ .

Lucas terá comprado _____ bolas de gude.

d. comprar 3 pacotes?

_____ + _____ + _____ = _____ ou $3 \times 2 =$ _____ .

Lucas terá comprado _____ bolas de gude.

e. comprar 4 pacotes?

_____ + _____ + _____ + _____ = _____ ou $4 \times 2 =$ _____ .

Lucas terá comprado _____ bolas de gude.

f. comprar 5 pacotes?

_____ + _____ + _____ + _____ + _____ = _____ ou $5 \times 2 =$ _____ .

Lucas terá comprado _____ bolas de gude.

g. comprar 6 pacotes?

_____ + _____ + _____ + _____ + _____ + _____ = _____

ou $6 \times 2 =$ _____ .

Lucas terá comprado _____ bolas de gude.

h. comprar 7 pacotes?

____ + ____ + ____ + ____ + ____ + ____ + ____ = ____

ou 7 × 2 = ____.

Lucas terá comprado ____ bolas de gude.

i. comprar 8 pacotes?

____ + ____ + ____ + ____ + ____ + ____ + ____ + ____ = ____

ou 8 × 2 = ____.

Lucas terá comprado ____ bolas de gude.

j. comprar 9 pacotes?

____ + ____ + ____ + ____ + ____ + ____ + ____ +

+ ____ + ____ = ____ ou 9 × 2 = ____.

Lucas terá comprado ____ bolas de gude.

k. comprar 10 pacotes?

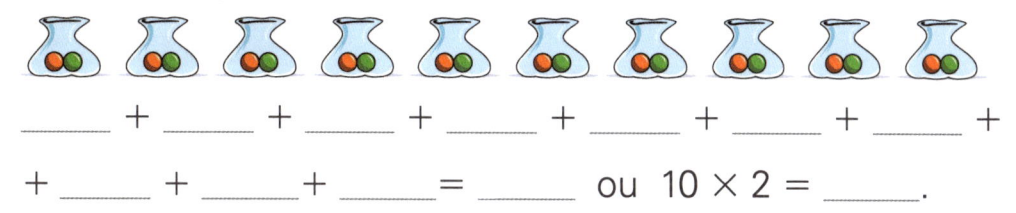

____ + ____ + ____ + ____ + ____ + ____ + ____ +

+ ____ + ____ + ____ = ____ ou 10 × 2 = ____.

Lucas terá comprado ____ bolas de gude.

2 Complete as multiplicações a seguir.

a. 0 × 2 = ____

b. 1 × 2 = ____

c. 2 × 2 = ____

d. 3 × 2 = ____

e. 4 × 2 = ____

f. 5 × 2 = ____

g. 6 × 2 = ____

h. 7 × 2 = ____

i. 8 × 2 = ____

j. 9 × 2 = ____

k. 10 × 2 = ____

Vezes 3

1 Leia o texto e complete.

Três amigos foram passear de trem. Em cada vagão desse trem, cabem até 3 pessoas. Quantas pessoas haveria nesse trem se:

a. nenhum vagão estivesse ocupado?

0 × 3 = _____

Haveria _____ pessoa no trem.

b. apenas 1 vagão estivesse lotado?

1 × 3 = _____

Haveria _____ pessoas no trem.

c. 2 vagões estivessem lotados?

_____ + _____ = _____ ou _____ × 2 = _____

Haveria _____ pessoas no trem.

d. 3 vagões estivessem lotados?

_____ + _____ + _____ = _____

ou _____ × _____ = _____

Haveria _____ pessoas no trem.

e. 4 vagões estivessem lotados?

_____ + _____ + _____ + _____ = _____

ou _____ × _____ = _____

Haveria _____ pessoas no trem.

f. 5 vagões estivessem lotados?

_____ + _____ + _____ + _____ + _____ = _____

ou _____ × _____ = _____

Haveria _____ pessoas no trem.

2 Continue completando de acordo com a atividade **1**.

a. Se 6 vagões estivessem lotados: ___ + ___ + ___ + ___ + + ___ + ___ = ___ ou ___ × ___ = ___

Haveria ___ pessoas no trem.

b. Se 7 vagões estivessem lotados: ___ + ___ + ___ + ___ + + ___ + ___ + ___ = ___ ou ___ × ___ = ___

Haveria ___ pessoas no trem.

c. Se 8 vagões estivessem lotados: ___ + ___ + ___ + ___ + + ___ + ___ + ___ + ___ = ___ ou ___ × ___ = ___

Haveria ___ pessoas no trem.

d. Se 9 vagões estivessem lotados: ___ + ___ + ___ + ___ + + ___ + ___ + ___ + ___ + ___ = ___

ou ___ × ___ = ___

Haveria ___ pessoas no trem.

e. Se 10 vagões estivessem lotados: ___ + ___ + ___ + + ___ + ___ + ___ + ___ + ___ + ___ + ___ = ___

ou ___ × ___ = ___

Haveria ___ pessoas no trem.

3 Complete as multiplicações a seguir.

a. $0 \times 3 =$ ___

b. $1 \times 3 =$ ___

c. $2 \times 3 =$ ___

d. $3 \times 3 =$ ___

e. $4 \times 3 =$ ___

f. $5 \times 3 =$ ___

g. $6 \times 3 =$ ___

h. $7 \times 3 =$ ___

i. $8 \times 3 =$ ___

j. $9 \times 3 =$ ___

k. $10 \times 3 =$ ___

Vezes 4

1 Lucas fabrica carrinhos de brinquedo. Em cada carrinho ele usa 4 rodas. Quantas rodas ele vai usar se:

a. não fabricar nenhum carrinho de brinquedo? 0 × 4 = _____

Lucas vai usar _____ roda.

b. fabricar 1 carrinho de brinquedo? 1 × 4 = _____

Lucas vai usar _____ rodas.

c. fabricar 2 carrinhos de brinquedo?

4 + 4 = _____ ou _____ × 4 = _____

Lucas vai usar _____ rodas.

d. fabricar 3 carrinhos de brinquedo?

4 + _____ + _____ = _____ ou _____ × _____ = _____

Lucas vai usar _____ rodas.

2 Continue completando.

a. 4 × 4 = 4 + 4 + _____ + _____ = _____

b. 5 × 4 = _____ + _____ + _____ + _____ + _____ = _____

c. 6 × 4 = _____ + _____ + _____ + _____ + _____ + _____ = _____

d. 7 × 4 = _____ + _____ + _____ + _____ + _____ + _____ + _____ = _____

e. 8 × 4 = _____ + _____ + _____ + _____ + _____ + _____ + _____ + _____ = _____

f. 9 × 4 = _____ + _____ + _____ + _____ + _____ + _____ + _____ + _____ + _____ = _____

g. 10 × 4 = _____ + _____ + _____ + _____ + _____ + _____ + _____ + _____ + _____ + _____ = _____

3 Complete as multiplicações a seguir.

a. 0 × 4 = _____

b. 1 × 4 = _____

c. 2 × 4 = _____

d. 3 × 4 = _____

e. 4 × 4 = _____

f. 5 × 4 = _____

g. 6 × 4 = _____

h. 7 × 4 = _____

i. 8 × 4 = _____

j. 9 × 4 = _____

k. 10 × 4 = _____

4 Escreva em ordem crescente os resultados da atividade **3**.

_____

- A sequência de números aumenta de quanto em quanto?

_____

5 O canguru completou a trilha saltando de 4 em 4 casas. Continue marcando com um **X** as casas em que ele parou após cada salto.

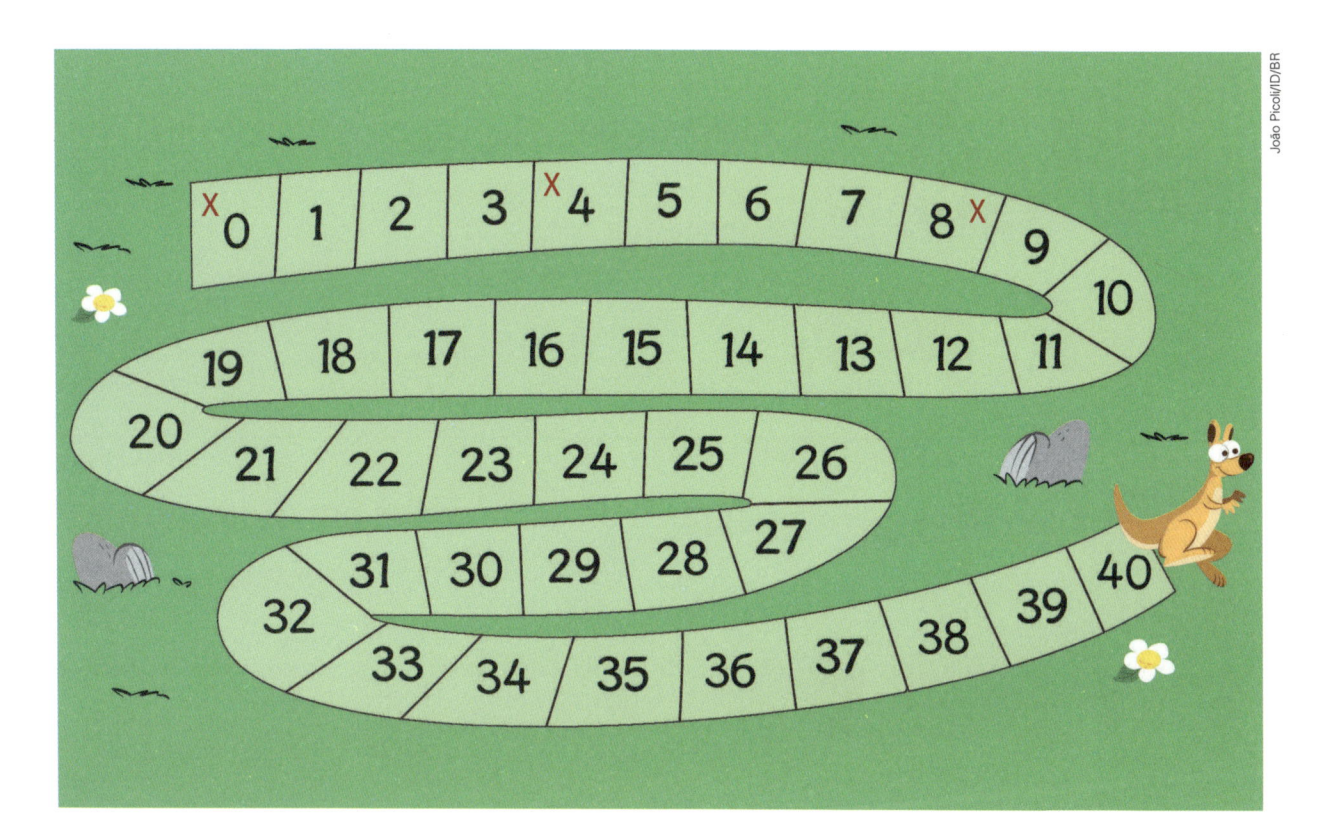

Vezes 5

1 Observe as imagens e complete.

	1 grupo de 5 copos. 1 × 5 = _____ 5 copos.
	2 grupos de _____ copos em cada um. _____ + _____ = _____ ou 2 × 5 = _____. _____ copos.
	3 grupos de _____ copos em cada um. _____ + _____ + _____ = _____ ou 3 × 5 = _____. _____ copos.
	4 grupos de _____ copos em cada um. _____ + _____ + _____ + _____ = _____ ou 4 × 5 = _____. _____ copos.
	5 grupos de _____ copos em cada um. _____ + _____ + _____ + _____ + _____ = _____ ou 5 × 5 = _____. _____ copos.

2 Continue completando.

a. $6 \times 5 =$ ___ + ___ + ___ + ___ + ___ + ___ = ___

b. $7 \times 5 =$ ___ + ___ + ___ + ___ + ___ + ___ + ___ = ___

c. $8 \times 5 =$ ___ + ___ + ___ + ___ + ___ + ___ + ___ + ___ = ___

d. $9 \times 5 =$ ___ + ___ + ___ + ___ + ___ + ___ + ___ + ___ + ___ = ___

e. $10 \times 5 =$ ___ + ___ + ___ + ___ + ___ + ___ + ___ + ___ + ___ + ___ = ___

3 Observe as multiplicações que você fez nas atividades **1** e **2** e complete as multiplicações a seguir.

a. $0 \times 5 =$ ___

b. $1 \times 5 =$ ___

c. $2 \times 5 =$ ___

d. $3 \times 5 =$ ___

e. $4 \times 5 =$ ___

f. $5 \times 5 =$ ___

g. $6 \times 5 =$ ___

h. $7 \times 5 =$ ___

i. $8 \times 5 =$ ___

j. $9 \times 5 =$ ___

k. $10 \times 5 =$ ___

4 O que é possível perceber observando o algarismo das unidades nos resultados das multiplicações que você escreveu na atividade **3**? Converse com os colegas e o professor.

5 Observe o preço do chapéu e complete o quadro.

Quantidade	1	2	3	4	5
Valor (em reais)					

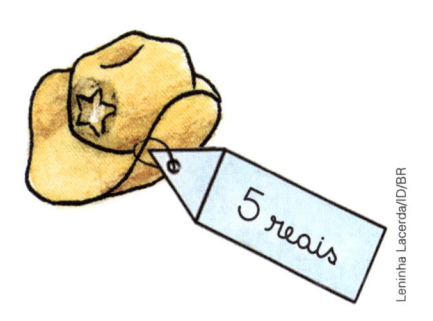

5 reais

Vamos resolver!

1 Pinte com a mesma cor os quadros em que aparecem operações com o mesmo resultado.

| 5 + 5 + 5 + 5 | | 5 + 5 | | 8 + 8 + 8 | | 3 + 3 + 3 |

| 2 × 5 | | 3 × 6 | | 3 × 3 |

| 6 + 6 + 6 | | 3 × 8 | | 4 × 5 |

2 Cada tira representa uma adição, mas também podemos escrever uma multiplicação para indicar essa adição. Conte quantos quadrinhos de cores diferentes há em cada caso e complete as adições e as multiplicações.

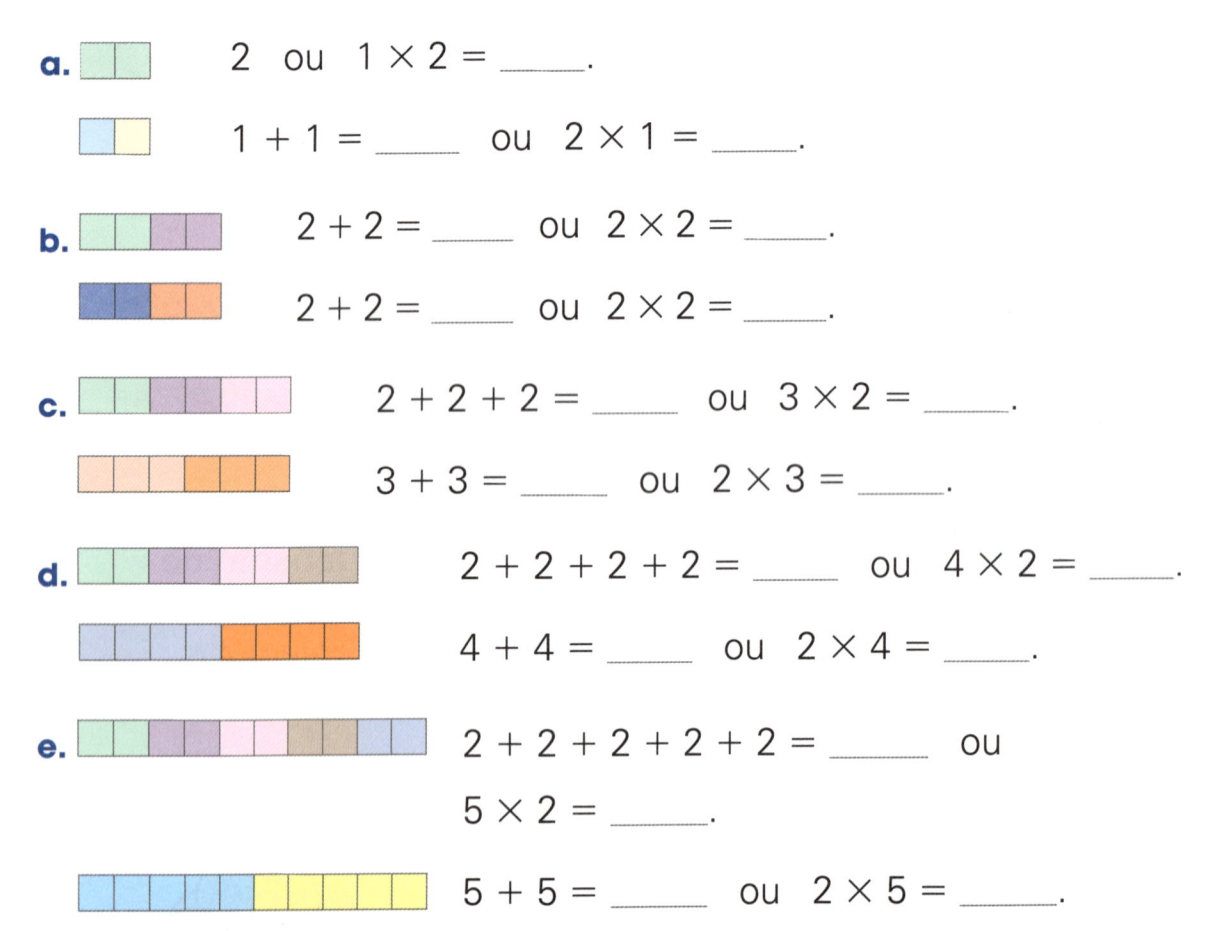

a. 2 ou 1 × 2 = _____.

1 + 1 = _____ ou 2 × 1 = _____.

b. 2 + 2 = _____ ou 2 × 2 = _____.

2 + 2 = _____ ou 2 × 2 = _____.

c. 2 + 2 + 2 = _____ ou 3 × 2 = _____.

3 + 3 = _____ ou 2 × 3 = _____.

d. 2 + 2 + 2 + 2 = _____ ou 4 × 2 = _____.

4 + 4 = _____ ou 2 × 4 = _____.

e. 2 + 2 + 2 + 2 + 2 = _____ ou

5 × 2 = _____.

5 + 5 = _____ ou 2 × 5 = _____.

3 Observe os números multiplicados e os resultados das multiplicações que você completou em cada item da atividade **2**. O que é possível perceber? Converse com os colegas e o professor.

4 Neide estava fazendo multiplicações na calculadora. Usando uma calculadora, aperte as teclas indicadas em cada item e escreva o resultado que apareceu no visor.

a. [3] [×] [2] [=] ☐

b. [6] [×] [5] [=] ☐

c. [7] [×] [3] [=] ☐

d. [9] [×] [4] [=] ☐

5 Neide continuou fazendo algumas multiplicações com a calculadora. Depois de um tempo, a tecla [×] parou de funcionar! Desenhe as teclas que Neide pode apertar para obter o resultado da multiplicação 4 × 5 com a sua calculadora sem usar a tecla quebrada.

6 Observe a situação a seguir e elabore no caderno um problema que possa ser resolvido com uma multiplicação. Depois, dê seu problema para um colega resolver e resolva o problema que ele fez.

Dobro e triplo

1 Observe os animais abaixo e responda às questões a seguir.

Imagens sem proporção de tamanho entre si.

a. Há quantos cachorros? _____ **b.** Há quantos gatos? _____

O número de gatos é igual a **duas vezes** o número de cachorros.

$$8 = 2 \times 4 \quad \text{ou} \quad 8 = 4 + 4$$

Podemos dizer que o número de gatos é o **dobro** do número de cachorros. Então, o dobro de 4 é 8.

Dobro significa duas vezes.

2 Beatriz, Tiago e Natália foram passear. Beatriz levou 5 reais. Tiago levou o dobro do dinheiro de Beatriz. Natália levou o dobro do dinheiro de Tiago. Ligue o nome da criança à cédula correspondente à quantia que ela levou.

Beatriz

Tiago

Natália

- Quanto dinheiro os três amigos levaram juntos?

_____

3 No jogo de latas, Maria Luísa conseguiu derrubar o triplo da quantidade de latas que Carolina derrubou. Observe as cenas abaixo e responda às questões.

a. Quantas latas Carolina derrubou? _____

b. Quantas latas Maria Luísa derrubou? _____

O **triplo** de 2 é igual a **três vezes** 2 ou 3 × 2, que é igual a 6.
Triplo significa três vezes.

4 Calcule o resultado e complete.

a. O triplo de 4 é igual a três vezes 4 ou 3 × 4 = _____.

b. O triplo de 6 é igual a _____ vezes 6 ou 3 × 6 = _____.

5 Com uma régua, meça o comprimento da linha verde e complete.

A linha verde mede _____ centímetros.
Agora, use a régua para desenhar uma linha:

a. vermelha com o dobro da medida do comprimento da linha verde.

b. preta com o triplo da medida do comprimento da linha verde.

Metade

1 Para alimentar as galinhas, Regiane e Juçara separaram as galinhas em 2 grupos com a mesma quantidade. Observe e responda às questões.

a. Quantas galinhas as garotas estão alimentando? _____

b. Quantas galinhas são alimentadas por Juçara dentro do galinheiro? _____

c. Quantas galinhas são alimentadas por Regiane fora do galinheiro?
_____

Podemos dizer que **metade** das galinhas foi alimentada dentro do galinheiro, e **metade** das galinhas foi alimentada fora do galinheiro.

Para calcular a **metade** de uma quantidade, separamos essa quantidade em 2 grupos com a mesma quantidade de elementos.

2 Nildo assou 8 biscoitos para os dois filhos e separou os biscoitos para que cada um ficasse com metade deles.

a. Com quantos biscoitos cada um dos filhos de Nildo ficou?
_____

b. Qual é a metade de 8? _____

3 Distribua as flores entre os dois vasos, ligando metade delas a cada um. Depois, complete a frase.

A metade de 6 é igual a _____.

4 Em cada item, separe os elementos em dois grupos com quantidades iguais e pinte cada metade com uma cor. Depois, complete.

a.

A metade de _____ é _____.

b.

A metade de _____ é _____.

c.

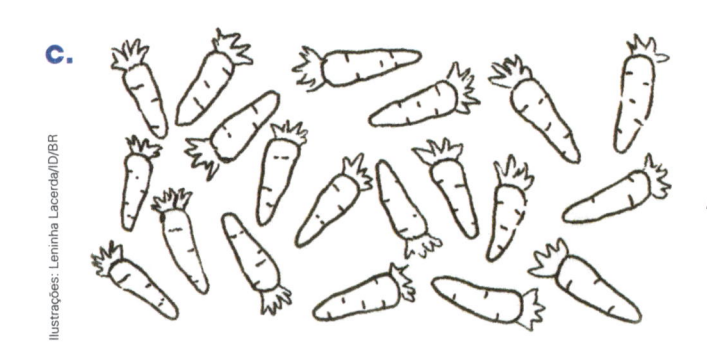

A metade de _____ é _____.

duzentos e três 203

Terço

1 A professora Úrsula separou a turma em 3 equipes com a mesma quantidade de alunos para fazer uma gincana. Cada aluno vestiu camiseta de uma cor de acordo com sua equipe. Observe e responda às questões.

a. Quantos alunos estão na quadra? _____

b. Quantos alunos tem a equipe azul? _____

c. Quantos alunos tem a equipe amarela? _____

d. Quantos alunos tem a equipe vermelha? _____

Podemos dizer que **um terço** dos alunos está na equipe azul, **um terço** dos alunos está na equipe amarela e **um terço** dos alunos está na equipe vermelha.

Para calcular **um terço** de uma quantidade, separamos essa quantidade em 3 grupos com a mesma quantidade de elementos.

2 Divida os balões entre as crianças, ligando um terço deles a cada criança. Depois, complete a frase.

Um terço de 15 é igual a _____.

3 Pinte um terço das figuras. Depois, complete a frase.

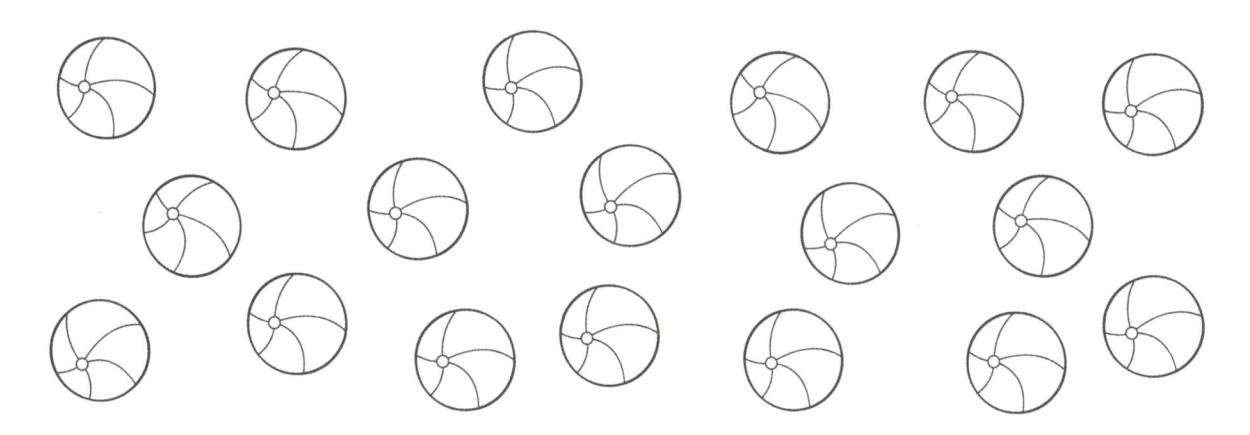

Um terço de _____ é igual a _____.

4 Ana comprou carrinhos para dividir igualmente entre suas 3 filhas.

a. Quantos carrinhos há em cima da mesa? _____

b. Com quantos carrinhos cada menina vai ficar? _____

c. Complete a frase: Um terço de _____ é igual a _____.

5 Ivan tem 24 reais e vai dar um terço dessa quantia a seu sobrinho. Quantos reais ele vai dar ao sobrinho?

Ivan vai dar _____ reais a seu sobrinho.

Tratamento da informação

Fazer pesquisas

1 Vamos descobrir de qual publicação abaixo a turma mais gosta?

a. Registre os votos de cada um dos alunos no espaço a seguir. Lembre-se de que cada aluno só pode escolher uma publicação. Não se esqueça de contar seu voto também!

| Gibi | Revista | Livro de histórias |

b. Preencha a tabela de acordo com os dados obtidos no item **a**.

Publicação preferida da turma

Publicação	Número de votos
Gibi	
Revista	
Livro de histórias	

Dados obtidos pela turma.

c. Qual foi a publicação mais votada pela turma? _____

d. Qual foi a publicação menos votada pela turma? _____

2 Podemos representar os dados da atividade **1** em um gráfico de barras. Em cada publicação, pinte um quadrinho para cada voto que ela recebeu.

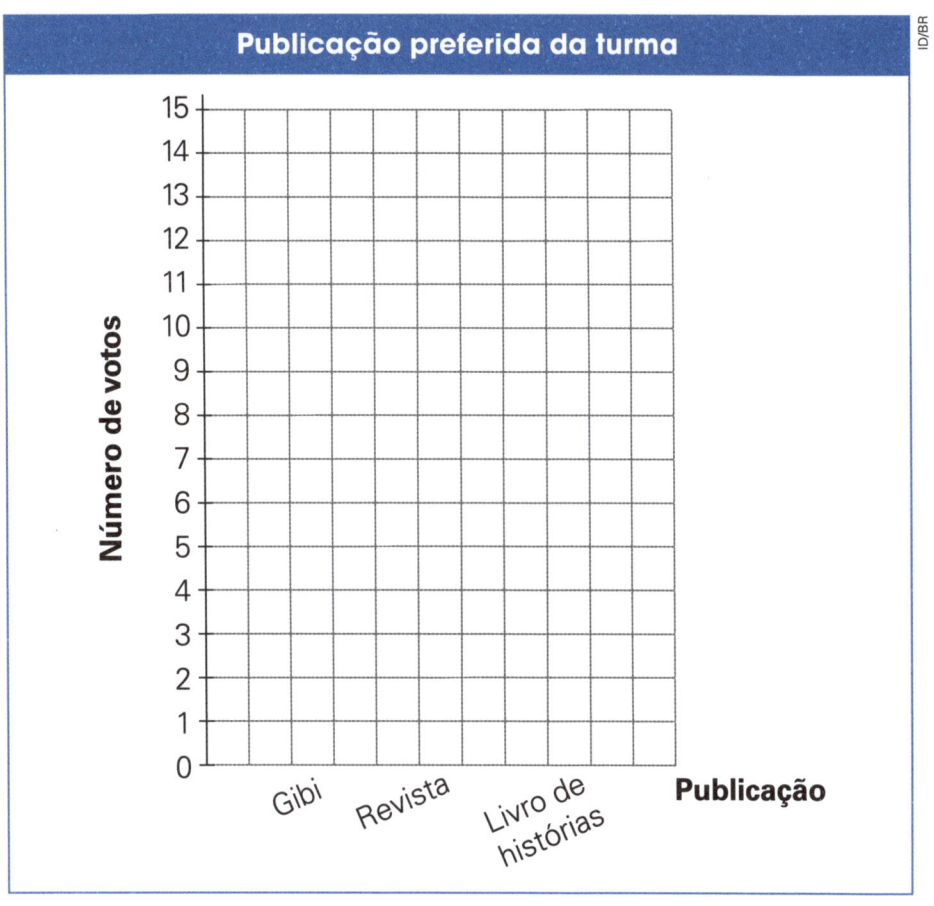

Publicação preferida da turma

Número de votos (eixo vertical: 0 a 15)
Publicação (eixo horizontal): Gibi, Revista, Livro de histórias

Dados obtidos pela turma.

3 Escolha 3 esportes diferentes e faça uma pesquisa para saber qual desses esportes sua família prefere. Peça a seus pais, avós, primos e outros que escolham uma das opções. Depois, complete a tabela abaixo com os dados da sua pesquisa. Não se esqueça de completar a fonte da tabela com o seu nome.

Esportes preferidos da família

Esporte	Número de votos

Dados obtidos por _____.

duzentos e sete **207**

Jogo

Jogo da multiplicação

Material
- Cartela da página 217.
- 1 dado.
- 26 marcadores, sendo 13 de cada tipo. Podem ser grãos de feijão de cores diferentes ou grãos de milho e de arroz, por exemplo.

Número de participantes
- 2 jogadores.

Objetivo
- Preencher a cartela antes do adversário.

Regras

1. Cada jogador deve usar a cartela da página 217 e 13 marcadores do mesmo tipo. Os jogadores jogam alternadamente.

2. Um jogador, na sua vez, lança o dado e escolhe se vai multiplicar o valor obtido no dado por 2, por 3 ou por 4.

3. Em seguida, ele comunica o resultado da multiplicação em voz alta e coloca um marcador em sua cartela, no número que representa o resultado obtido. Se o resultado já estiver coberto por um marcador, o jogador passa a vez.

4. Se um dos jogadores cometer um erro no cáculo de algum resultado e o outro jogador apontar o engano antes de realizar a própria jogada, este terá o direito de retirar um marcador qualquer da cartela do outro jogador.

5. Ganha o jogador que preencher a cartela primeiro.

Depois do jogo

1 Complete os quadros escrevendo as multiplicações que podem ser feitas para obter cada resultado da cartela.

2	3	4	6

8	9	10	12

15	16	18	20	24

2 Qual número é mais fácil de ser coberto na cartela do jogo? Por quê?

3 Imagine que seu adversário erre um cálculo e você tenha de decidir qual marcador retirar da cartela dele. Qual marcador você retiraria? Por quê? Converse com os colegas e o professor.

Vamos ler imagens!

Propagandas

As propagandas misturam textos escritos e imagens com o objetivo de divulgar uma ideia. Para chamar a atenção de quem lê, as propagandas costumam ser bem criativas. Veja o exemplo ao lado.

Essa propaganda é bastante colorida e apresenta desenhos, o que indica que o recado a ser passado se destina a crianças. No texto destacado em linhas coloridas, notamos que a propaganda divulga uma campanha de doação de brinquedos.

A frase "Brinque com o segundo tempo e participe desta ação" faz referência a brincadeiras que têm segundo tempo, como o futebol, e também ao Segundo Tempo, um projeto pensado para facilitar o acesso de crianças e adolescentes à prática e à cultura do esporte.

Podemos identificar na propaganda o mês em que os brinquedos serão arrecadados, os locais de coleta, um *site* e um telefone pelos quais pode-se saber mais sobre a campanha. Os logotipos do projeto Segundo Tempo e da Secretaria de Esporte e Lazer da Prefeitura de Maceió aparecem no fim para mostrar quem desenvolveu a campanha.

Agora é a sua vez

1 Observe a propaganda a seguir.

PASSAR FRIO É TÃO DURO QUANTO TER FOME. DOE AGASALHOS.

Campanha do agasalho 2009

Faltam poucos dias para acabar a campanha. Participe. Faça sua doação. www.campanhadoagasalho.sp.gov.br

a. Por que você acha que foi escolhido um alimento para ilustrar essa propaganda?

b. De que material foi representado o alimento da propaganda?

c. Por que você acha que o alimento foi representado com esse material?

2 Existem vários tipos de propaganda que incentivam o ato de doar.

a. Você já viu alguma propaganda pedindo doação de algo?

b. Você já participou de alguma campanha doando algo seu? O que foi?

c. Se você tivesse 18 brinquedos e doasse metade desses brinquedos para as crianças carentes do seu bairro, quantos brinquedos você doaria?

Aprender sempre

1 Desenhe no vaso à direita o dobro da quantidade de flores do vaso à esquerda.

2 As 4 turmas do 2º ano fizeram cartazes para receber os alunos novos da escola. Cada turma elaborou 2 cartazes.

a. Quantos cartazes as turmas fizeram no total?

As turmas fizeram _____ cartazes.

b. Como a sua turma recebe os novos alunos? O que você acha da ideia de fazer uma gincana para receber os alunos novos de uma escola? Converse com os colegas e o professor.

Escolha os números 2, 3, 4 ou 5 para praticar, em um jogo da memória, as multiplicações que você viu neste capítulo.
Disponível em: <http://mdmat.mat.ufrgs.br/anos_iniciais/objetos/memoria_tabuada.htm>. Acesso em: 8 nov. 2017.

3 Em cada item, crie um problema baseado na ilustração. No enunciado do seu problema, você deve usar a palavra indicada.

a.

dobro

_____
_____
_____

b.

terço

_____
_____
_____

4 Complete o quadro de multiplicações e responda às questões.

×	1	2	3	4	5	6	7	8	9	10
2										
3										
4										
5										

a. 12 é o dobro de que número? _____

b. 12 é o triplo de que número? _____

c. Compare os resultados das multiplicações por 2 e por 4. O que é possível concluir? Conte aos colegas e ao professor.

Sugestões de leitura

Nunca conte com ratinhos, de Silvana D'Angelo. Editora Edelbra.

Nesse livro, você acompanha o que acontece com cada um dos dez ratinhos que fazem parte da história. De maneira divertida e instigante, é possível rever números de 1 a 10 e também números ordinais.

Quem ganhou o jogo?: explorando a adição e a subtração, de Ricardo Dreguer. Editora Moderna.

Nesse livro, você vai ver como Lucas e os amigos, Paulo e Priscila, vão usar a adição e a subtração para tentar ganhar um jogo de basquete.

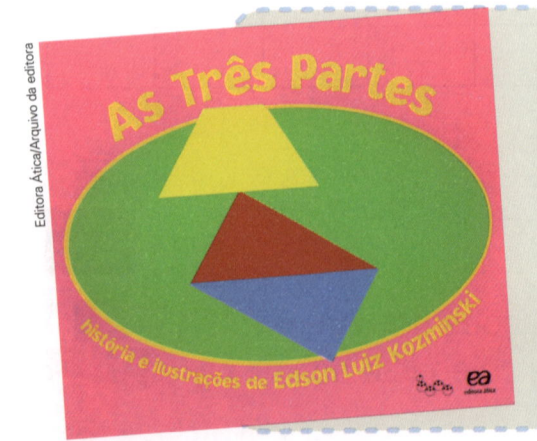

As três partes, de Edson Luiz Kozminski. Editora Ática.

O que fazer quando uma casa quer ser outras coisas além de uma casa – peixe, pássaro, flor? Nesse livro, você vai conhecer a história de três partes que se cansaram de formar uma casa e decidiram procurar novas formas e cores.

Minha mão é uma régua, de Kim Seong-Eun e Oh Seung-Min. Editora Callis.

Nesse livro, uma menina mostra que é possível usar o próprio corpo para medir comprimentos. Ela descobre, por exemplo, que as mãos podem ser usadas para medir suas roupas e os pés, para medir o comprimento dos cômodos de sua casa.

Quem faz os dias da semana?, de Lúcia Pimentel Góes. Editora Larousse Júnior.

Nesse livro, você vai descobrir como as pessoas de culturas diferentes vivem os dias da semana.

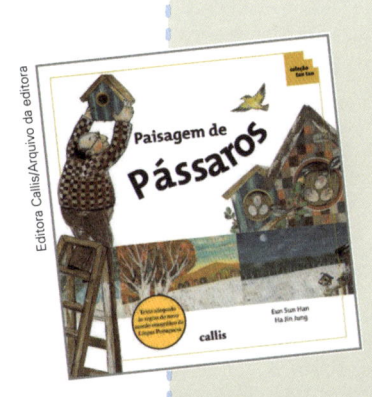

Paisagem de pássaros, de Eun Sun Han. Editora Callis.

Esse livro apresenta o conceito matemático da multiplicação por meio da história de um vovô carpinteiro que constrói várias casinhas, de diferentes tamanhos, para os pássaros que vivem próximos à sua casa poderem se abrigar da chuva e do frio, acomodar seus ninhos e trazer alegria.

Bibliografia

BAQUÉS, M. *600 juegos para educación infantil*. Barcelona: CEAC, 2007.

BELTRÁN, J. M. M. *La mediación en el proceso de aprendizaje*. Madrid: Bruño, 1994.

BORIN, J. *Jogos e resolução de problemas*: uma estratégia para as aulas de Matemática. São Paulo: Caem/IME/USP, 2007.

BOYER, C. B.; MERZBACH, U. C. *História da matemática*. São Paulo: Edgar Blücher, 2012.

BRANDÃO, H.; FROESELER, M. G. V. G. *O livro dos jogos e das brincadeiras para todas as idades*. Belo Horizonte: Leitura, 1998.

BRASIL. Ministério da Educação. *Base nacional comum curricular*. Brasília: MEC, 2017.

_____. Ministério da Educação. Secretaria de Educação Fundamental. *Ensino Fundamental de nove anos*: orientações para a inclusão da criança de seis anos de idade. Brasília: MEC/SEF, 2007.

_____. Ministério da Educação e Cultura. Instituto Nacional de Estudos e Pesquisas Educacionais. *Sistema de avaliação de Educação Básica*: matrizes curriculares de referência. Brasília: MEC/Inep/Saeb, 1999.

_____. Ministério da Educação e Cultura. Secretaria de Educação Básica. *Pacto nacional pela alfabetização na idade certa*: organização do trabalho pedagógico; construção do sistema de numeração decimal; geometria; saberes matemáticos e outros campos do saber. Brasília: MEC/SEB, 2014.

_____. Ministério da Educação e do Desporto. Secretaria de Educação Fundamental. *Referencial curricular nacional para educação infantil*. Brasília: MEC/SEF, 1998.

BUSHAW, D. et al. *Aplicações da matemática escolar*. São Paulo: Atual, 1997.

CARDOSO, V. C. *Materiais didáticos para as quatro operações*. 3. ed. São Paulo: Caem/IME/USP, 1996.

CENTURIÓN, M. *Números e operações*. São Paulo: Scipione, 1993.

CERQUETTI-ABERKANE, F.; BERDONNEAU, C. *O ensino da matemática na Educação Infantil*. Porto Alegre: Artmed, 1997.

COLL, C. et al. *O construtivismo na sala de aula*. São Paulo: Ática, 2006.

D'AMBROSIO, U. *Da realidade à ação*: reflexões sobre educação e Matemática. Campinas: Ed. da Unicamp, 1986.

DANYLUK, O. S. *Alfabetização matemática*: as primeiras manifestações da escrita infantil. 5. ed. Porto Alegre: Sulina; Passo Fundo: UPF Editora, 2015.

DELORS, J. *Educação*: um tesouro a descobrir. São Paulo: Cortez-Unesco, 2003.

FREIRE, M. et al. *Observação, registro e reflexão*. São Paulo: Espaço Pedagógico, 1997.

IFRAH, G. *Os números*: história de uma grande invenção. 11. ed. São Paulo: Globo, 2005.

KAMII, C.; HOUSMAN, L. B. *Crianças pequenas reinventam a aritmética*: implicações da teoria de Piaget. 2. ed. Porto Alegre: Artmed, 2002.

_____; DEVRIES, R. *Jogos em grupo na educação infantil*: implicações da teoria de Piaget. Porto Alegre: Artmed, 1998.

KISHIMOTO, T. M. *O jogo e a educação infantil*. São Paulo: Pioneira, 1994.

KRULIK, S.; REYS, R. *A resolução de problemas na matemática escolar*. São Paulo: Atual, 1997.

LEITE, A. C. M. *A lógica como articuladora entre a língua materna e a linguagem matemática*. 2000. Dissertação (Mestrado em Educação Matemática) – Instituto de Geociências e Ciências Exatas, Unesp, Rio Claro.

LINDQUIST, M. M.; SHULTE, A. P. (Org.). *Aprendendo e ensinando geometria*. São Paulo: Atual, 1994.

MACHADO, N. J. *Matemática e língua materna*: análise de uma impregnação mútua. São Paulo: Cortez, 1993.

_____. *Matemática e realidade*: análise dos pressupostos filosóficos que fundamentam o ensino da matemática. São Paulo: Cortez, 1994.

OCHI, F. H. et al. *O uso de quadriculados no ensino de geometria*. 4. ed. São Paulo: Caem/IME/USP, 2003.

OPIE, I.; OPIE, P. *Children's games in street and playground*. Oxford: Clarendon Press, 1969.

PARRA, C.; SAIZ, I. (Org.). *Didática da matemática*: reflexões psicopedagógicas. Porto Alegre: Artmed, 1996.

PERRENOUD, P. *Construir as competências desde a escola*. Porto Alegre: Artmed, 1999.

_____ et al. *As competências para ensinar no século XXI*. Porto Alegre: Artmed, 2002.

PIAGET, J. *Os estágios do desenvolvimento intelectual da criança e do adolescente*. Rio de Janeiro: Forense, 1972.

POLYA, G. *A arte de resolver problemas*. São Paulo: Interciência, 1978.

SMOLE, K. C. S. et al. *Era uma vez na matemática*: uma conexão com a literatura infantil. 3. ed. São Paulo: IME/USP, 1996.

_____ et al. *Matemática de 0 a 6*, v. 1: Brincadeiras infantis nas aulas de matemática; v. 2: Resolução de problemas; v. 3: Figuras e formas. Porto Alegre: Artmed, 2000.

_____ et al. *Resolução de problemas*. Porto Alegre: Artmed, 2000.

_____; DINIZ, M. L. (Org.). *Ler, escrever e resolver problemas*: habilidades básicas para aprender matemática. Porto Alegre: Artmed, 2001.

SOCIEDADE Brasileira de Educação Matemática. *Educação Matemática em Revista*, n. 1-15, 1993-2003.

SOCIEDADE Brasileira de Matemática. *Revista do Professor de Matemática*.

SOUZA, E. R. et al. *A matemática das sete peças do tangram*. São Paulo: Caem/IME/USP, 2006.

TEBEROSKY, A.; TOLCHINSKY, L. (Org.). *Além da alfabetização*: a aprendizagem fonológica, ortográfica, textual e matemática. São Paulo: Ática, 1996.

VIGOTSKI, L. S. et al. *Linguagem, desenvolvimento e aprendizagem*. 14. ed. São Paulo: Ícone, 2016.

_____. *Pensamento e linguagem*. 4. ed. São Paulo: Martins Fontes, 2008.

ZABALA, A. *A prática educativa*. Porto Alegre: Artmed, 1998.

Destacar e jogar

Página 208 › **Cartela para o Jogo da multiplicação**

Página 178 › **Tabuleiro para o jogo Ligue pontos**

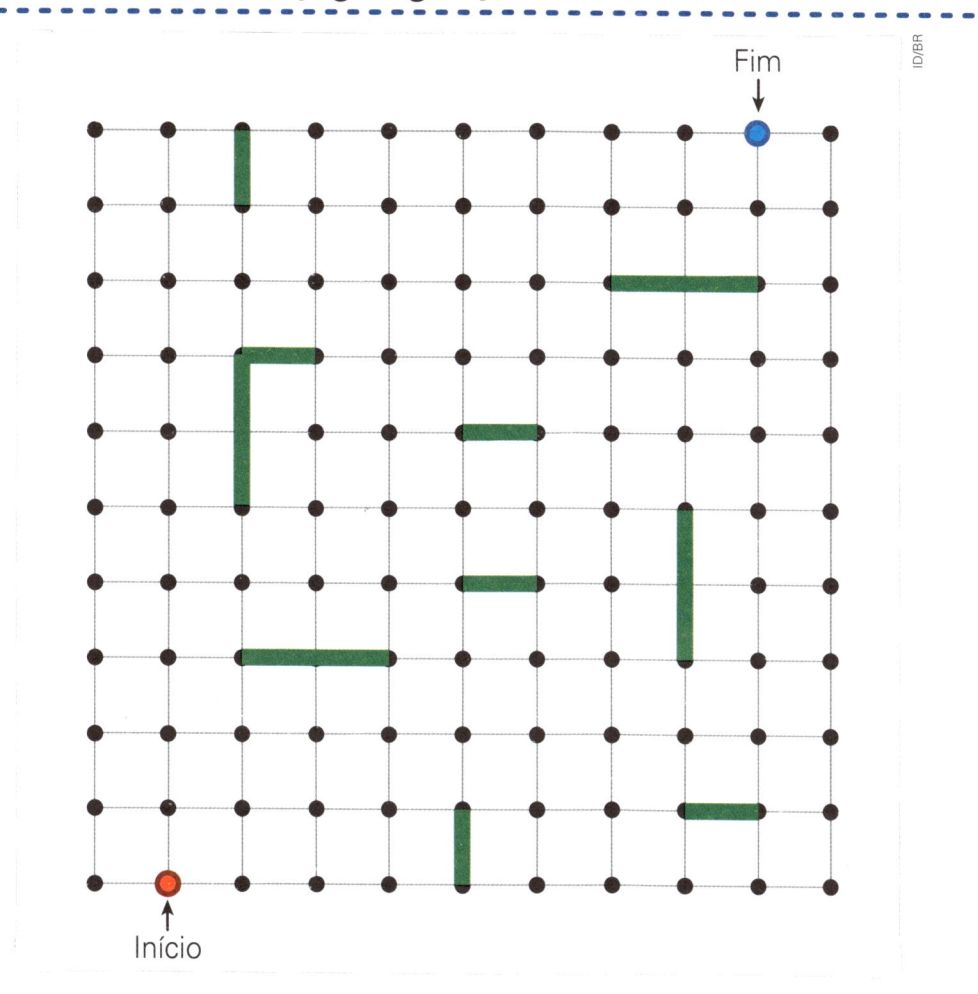

Fim

Início

duzentos e dezessete

DESTACAR E JOGAR

PÁGINA 88 › **CARTAS PARA O JOGO É MINHA!**

duzentos e dezenove **219**

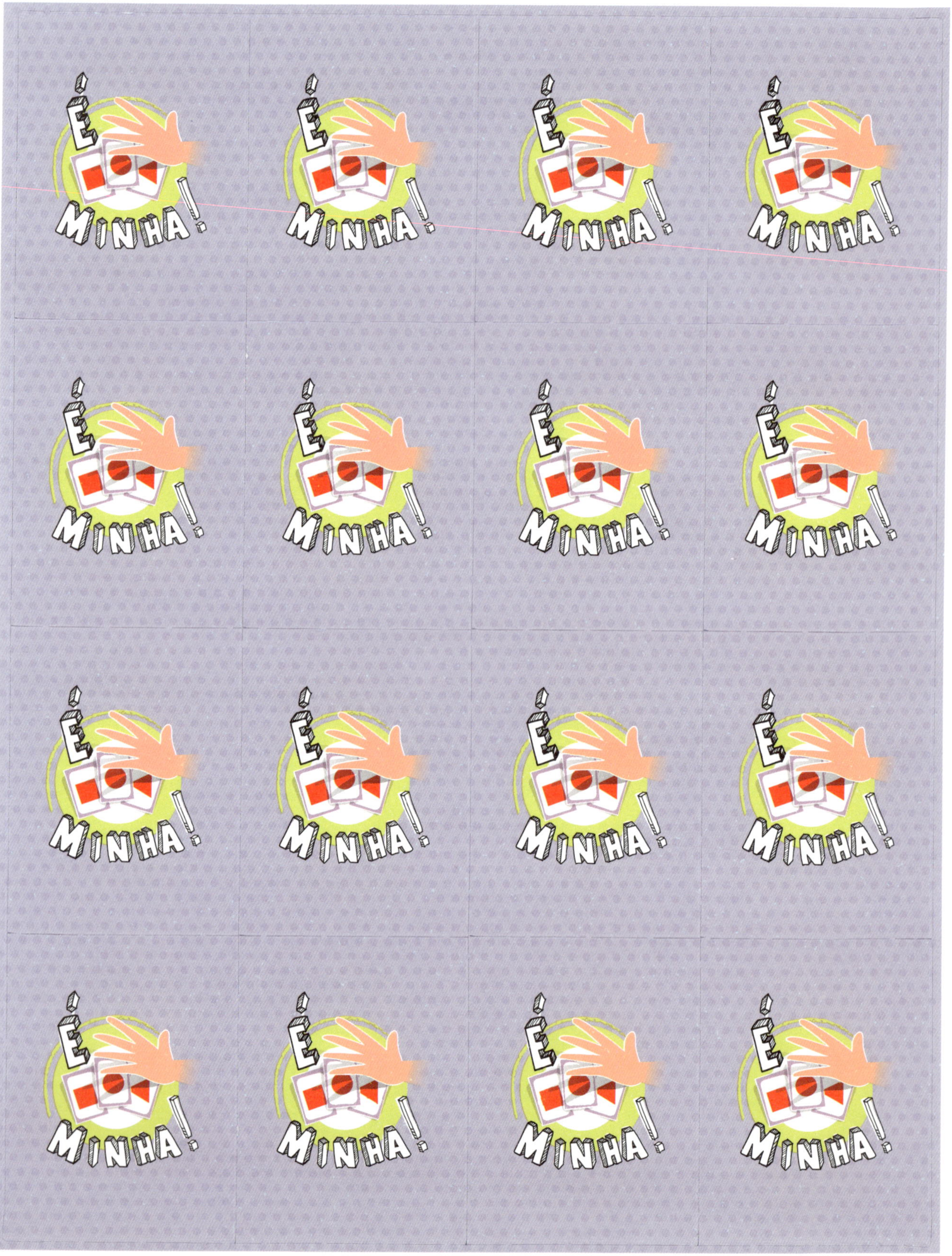

Fabio Eugenio/ID/BR

DESTACAR

PÁGINA 88 › **CARTAS PARA O JOGO É MINHA!**

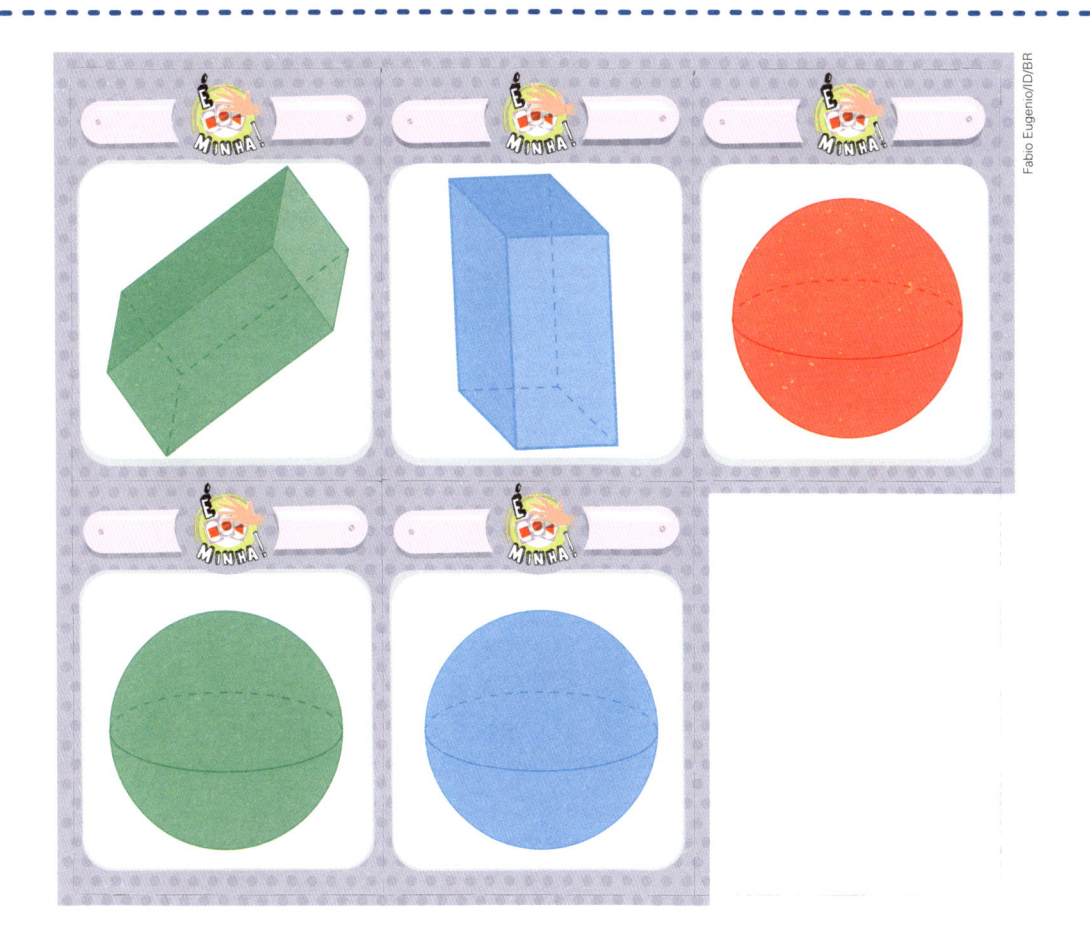

PÁGINA 85 › **FIGURAS PARA O ITEM B DA ATIVIDADE 4**

duzentos e vinte e um **221**

Fabio Eugenio/ID/BR

DESTACAR E MONTAR

PÁGINA 72 › **MOLDE DE PIRÂMIDE PARA O ITEM A DA ATIVIDADE 4**

COLE
COLE
COLE
COLE

duzentos e vinte e três **223**

DESTACAR E MONTAR

PÁGINA 71 › MOLDE DE CUBO PARA O ITEM A DA ATIVIDADE 2

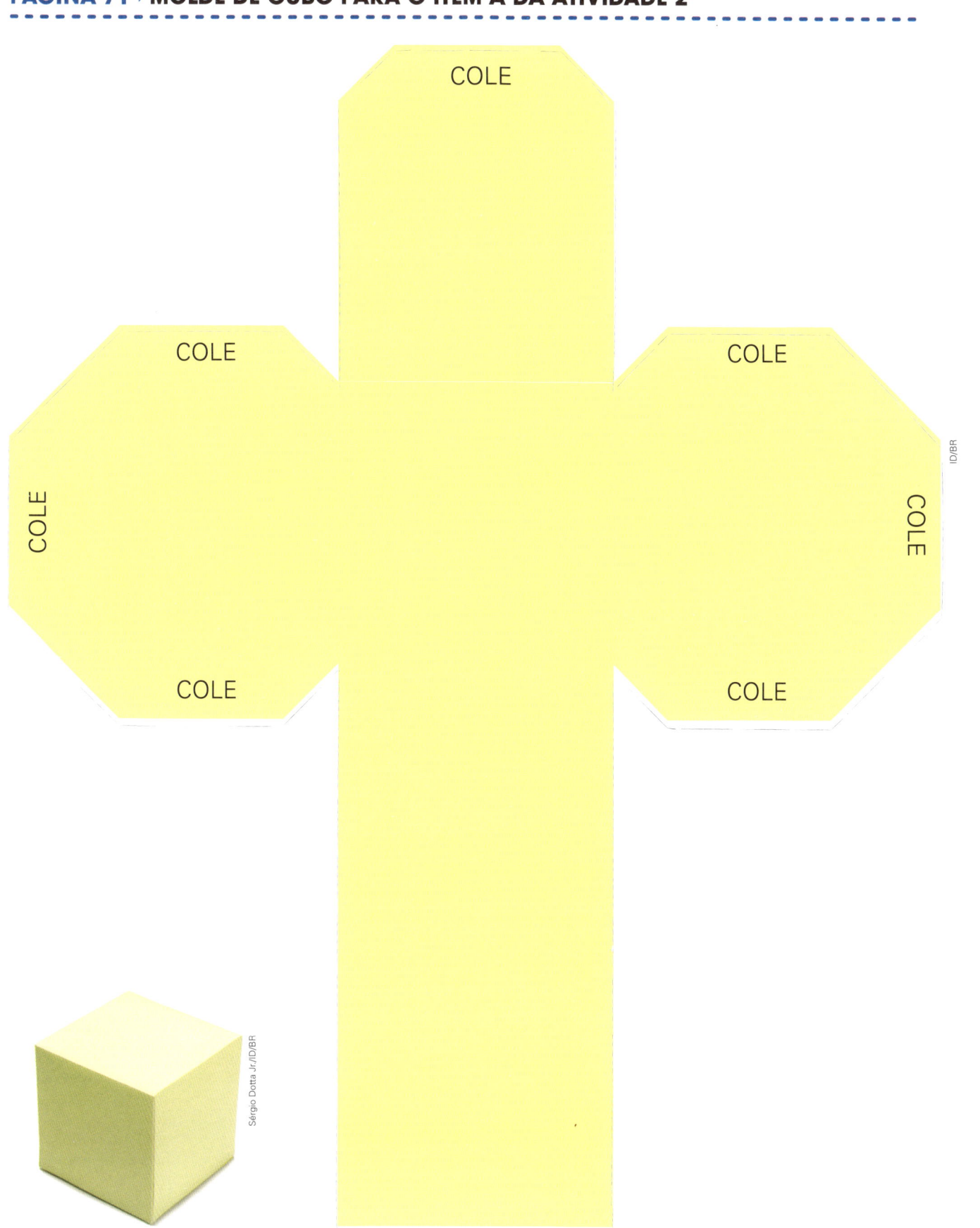

COLE

COLE

COLE

COLE

COLE

COLE

COLE

DESTACAR E MONTAR

PÁGINA 70 › **MOLDE DE PARALELEPÍPEDO PARA O ITEM A DA ATIVIDADE 1**

duzentos e vinte e sete **227**

DESTACAR E JOGAR

PÁGINA 60 › TABULEIRO PARA O JOGO DA TARTARUGA

duzentos e vinte e nove 229

DESTACAR

PÁGINA 35 › MATERIAL DOURADO PARA A ATIVIDADE 4

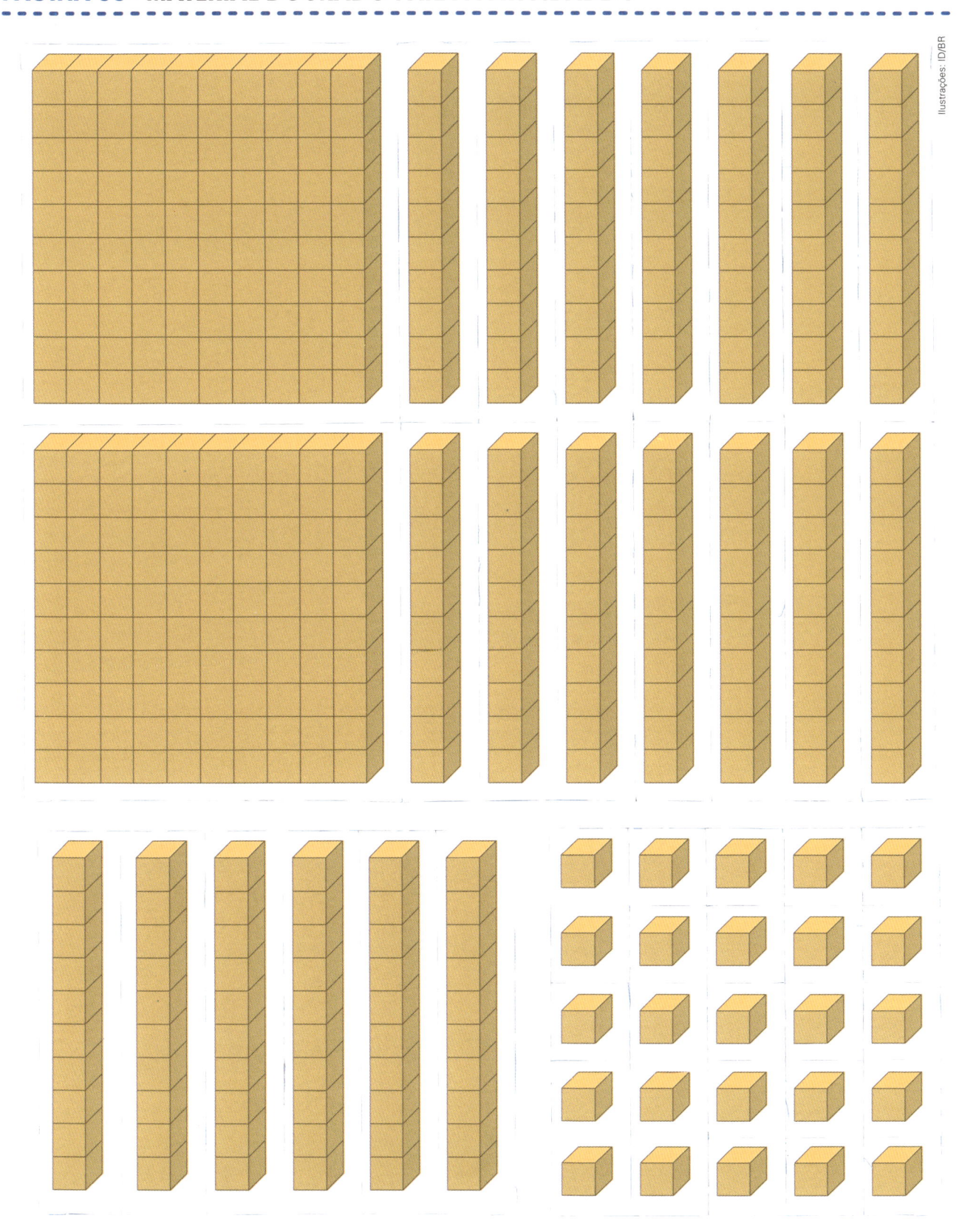

duzentos e trinta e um **231**